Die großen Sturmfluten 1962 und 1976

an der schleswig-holsteinischen Westküste

HUSUM DRUCK- UND VERLAGSGESELLSCHAFT
HUSUM

Umschlagbild:
Albert Johannsen, „Sturmflut im Wattenmeer“
(Abdruck mit freundlicher Erlaubnis des Nissenhauses, Husum)

CIP-Kurztitelaufnahme der Deutschen Bibliothek

Die grossen Sturmfluten 1962 [neunzehnhundertzwei-undsechzig] und 1976 [neunzehnhundertsechsund-siebzig] an der schleswig-holsteinischen Westküste.
— 3. Aufl., Neuausg. — Husum : Husum Druck- und Verlagsges., 1979.
ISBN 3-88042-020-3

Fotos: Husumer Nachrichten, dpa, Husum Druck- und Verlagsgesellschaft
Neuausgabe, 3. Auflage 1979

Gesamtherstellung:
Husum Druck- und Verlagsgesellschaft,
Postfach 1480, 2250 Husum
ISBN 3-88042-020-3

Dieses Heft berichtet über die großen Sturmfluten von 1962 und 1976, schildert, wie sich die Menschen an der Küste gegen die trotz aller Fortschritte der Wissenschaft immer noch nicht abschätzbaren Gefahren des „Blanken Hans“, der Nordsee, wehren und wie es zu diesen Gefahren kommt.
Der erste Teil wurde in Gemeinschaftsarbeit der Redaktion der Husumer Nachrichten aus der Aktualität jener Nacht vom 16. auf den 17. Februar 1962 geschrieben, als in Hamburg 315 Menschen ertranken. Er ist Reportage.
Vom zweiten Teil an beschreibt Helmut Sethe, der Chefredakteur der „Husumer Nachrichten“, was sich nur 14 Jahre später bei einer neuen Sturmflut am 3. Januar 1976 in Nordfriesland, in Dithmarschen, Hamburg, an der Unterelbe und im dänischen Jütland ereignete, wie wieder Deiche brachen, wie Menschen in Angst und Not auf Rettung warteten, wie sich herausstellte, daß es trotz der Erfahrungen von 1962 technische Mängel gab. Hier wird auch geschildert, wie sich bewährte, was seit damals an der Küste von Niedersachsen bis Dänemark geschehen war.
Nur 17 Tage später ereignete sich am 21. Januar 1976 eine neue schwere Sturmflut, gerade als die Deiche notdürftig geflickt waren — ein Ereignis, das man bisher noch nie an der Küste erlebt hatte.
Im dritten Teil ist behandelt, was seit 1962 auf den Halligen, an den großen Mündungstrichtern mit den technisch offenbar vollkommenen Sperrwerken wie an der Eider, Krückau und Pinnau geschah, wie die Deiche verstärkt und verkürzt wurden.
Am 3. Januar 1976 wurden an der deutschen Nordseeküste Wasserstände gemessen wie nie zuvor, am 21. Januar meldeten einige der Nordfriesischen Inseln und Halligen sogar einen noch höheren Pegelstand. Fast erreichte das Wasser das Ausmaß der „Jahrhundertflut“, einen für unser Jahrhundert geltenden theoretischen Höchstwasserstand – der, wie man heute ahnt, schon morgen überschritten werden kann.
Daß es bisher keine sichere Sturmflutvorhersage gibt und auch kein absolut sicheres Mittel gegen die „Nordsee, die Mordsee“, wie schon Detlev v. Liliencron sie als Hardesvogt auf Pellworm bedichtete, davon ist im vierten Teil die Rede. Ganz offensichtlich gibt es heute höhere Wasserstände und mehr Sturmfluten als früher – und niemand weiß genau, warum. Wie eine Sturmflut entsteht, welche Kräfte Ebbe und Flut verursachen, ist hier ebenfalls nachzulesen.

Februar 1962, Nacht von Freitag auf Sonnabend, vom 16. auf den 17. Bei Island hatte sich ein Sturmtief zusammengebraut, das sich in Richtung auf die deutsche Nordseeküste in Bewegung setzte. Am Nachmittag des 16. Februar spürten die Bewohner der Städte, daß hier keiner der üblichen Stürme die Nordsee aufwühlte. Dennoch hatte es nicht den Anschein, als ob eine besondere Gefahr entstehen könnte. Selbst unmittelbar hinter den Deichen — mit Ausnahme der Halligen — legten sich die Bewohner zu den gewohnten Zeiten ins Bett. Hatte man nicht, seit 1953 eine riesige Sturmflut in Holland an die 1800 Menschen ertränkte, Jahr um Jahr und Stück um Stück die Deiche erhöht und verstärkt? Zwar war man mit seinem Programm erst gut zur Hälfte fertig geworden — aber die Menschen des 20. Jahrhunderts haben überall großes Vertrauen in die technischen Mittel.

Nichts außer dem immer stärker werdenden Heulen des sich zum Orkan steigernden Sturmes deutete darauf hin, daß Millionen Menschen diese Nacht wohl niemals vergessen würden. Die Radioberichte über den zunehmenden Sturm waren dürftig, genauere Angaben beschränkten sich auf die Wettermeldungen. Und wer hörte die schon regelmäßig? Erst gegen 23 Uhr zeichnete sich die drohende Gefahr deutlicher ab, wenn auch nur für den niederelbischen Raum. Nunmehr wurden für Cuxhaven Rundfunk-Warnungen durchgegeben, während die Bevölkerung an der schleswig-holsteinischen Nordseeküste noch nicht viel von dem Zerstörungswerk des Blanken Hans ahnte. Allerdings: In den Landratsämtern, in den Marschenbauämtern und Deichämtern, auf den Deichen sammelten sich die von Amts wegen wachsamen Männer. Aber auch sie ahnten noch nicht, in welchem

Ausmaß die Katastrophe wenige Stunden später über Millionen hereinbrechen würde. Die ahnungslose Bevölkerung schlief einem grauenvollen Erwachen entgegen. In dieser Nacht verloren Tausende Menschen ihr gesamtes Hab und Gut, und viele von ihnen wurden aus der Mitte ihrer Familie gerissen.

Das Beten wieder gelernt

Während in der Stadt Dachpfannen scheppernd und polternd auf die Straßen knallten, Äste wie Papier durch die Luft gewirbelt wurden, verbiß sich die tobende Nordsee, die wieder einmal zur Mordsee wurde, immer tiefer in die schwankenden, von Menschenhand errichteten Schutzwälle, die sich neben den tosenden Naturgewalten wie kümmerliches Machwerk ausnahmen, so als wollte die See sagen: „Tand ist das Gebild von Menschenhand“. Den einsamen Männern an den Deichen, die der Wucht der Gewalten hilflos gegenüberstanden, wurde klar, wie kümmerlich sich der Mensch mit all seinen Errungenschaften neben den entfesselten Naturgewalten ausnimmt. Manche Männer haben in dieser Nacht wieder das Beten gelernt.

Ganz Nordeuropa heimgesucht

Ganz Nordeuropa wurde von der größten Sturmflut dieses Jahrhunderts heimgesucht. Allein an der schleswigholsteinischen Westküste wurden etwa 6000 Menschen evakuiert (damals gab es den Gesamtkreis Nordfriesland noch nicht). Für die Kreise Husum, Eiderstedt und Süderdithmarschen wurde zum erstenmal seit der denkwürdigen Flut im Jahre 1936 wieder ein Katastrophenalarm ausgelöst. In Eiderstedt brachen die Deiche von dem Uelvesbüller und dem Sommerkoog des Norderfriedrichskooges, und auch vor Husum rissen die Fluten gewaltige Lükken in den Schutzwall des Dockkooges. Nur durch ungewöhnliches Glück konnten sich — anders als in Hamburg — alle Menschen noch retten, aber Hunderte von Tieren kamen in den Fluten um.

Halligbewohner auf den Dächern

Die Menschen auf den Halligen flüchteten auf die Dachböden ihrer Häuser. Einige Deiche auf Nordstrand und Pellworm wurden schwer angeschlagen. Die Insel Sylt geriet in ernste Gefahr, von den Wassermassen überflutet zu werden, Häuser stürzten ins Wasser, und die Betonbefestigungen der Strandpromenaden wurden wie Spielzeug auf die Reste des Strandes geschleudert. Tausende von Männern der Bundeswehr, des Grenzschutzes, der Bereitschafts- und Ordnungspolizei, der Feuerwehren und des Roten Kreuzes, des Technischen Hilfswerks und unzählige freiwillige Helfer waren schon im Morgengrauen fieberhaft damit beschäftigt, Menschen zu retten und unter Anleitung der Ingenieure und Stammarbeiter der Marschenbauämter gebrochene und beschädigte Deiche mit Sandsäcken, Stroh und in Eile gebundenen Faschinen notdürftig zu flicken. Das Werk der „Goldenen Ringe“, an dem Generationen gearbeitet hatten, war vernichtet, in einer einzigen Nacht derart angeschlagen, daß die Wiederherstellung Jahre dauern sollte.

In einer Nacht wurde neben den Weideflächen des Dockkooges auch der Husumer Badestrand vernichtet. An fünf Stellen fiel der Seedeich den unvorstellbaren Gewalten zum Opfer. Ohne die Schleuse im Vordergrund des Luftbildes wäre das Wasser nicht nur in die Stadt gelaufen, sondern hätte auch weite Teile der Marschniederungen in einen Teil der Nordsee verwandelt.

Katastrophenalarm!

In Husum wurde gegen 23 Uhr Katastrophenalarm ausgelöst. Kurz darauf gab das Bundesverteidigungsministerium für sämtliche Truppen des Wehrbereichs I Katastrophenalarm. In rasender Eile begannen die Soldaten ihre Lastkraftwagen mit dem notwendigsten Material zu beladen, um sich sofort an die am meisten gefährdeten Stellen in Marsch zu setzen.

Die Küstenlinie Eiderstedts und der Dockkoog befanden sich in allerhöchster Gefahr. In der Husumer Seeschleuse ahnte man die Katastrophe. Ein Augenzeuge berichtete in den „Husumer Nachrichten" am 17. Februar, dem nächsten Tag:

„Ich sah, wie der Dockkoogdeich brach"

»Während ich diesen Bericht schreibe, sitze ich in dem noch einigermaßen sicheren Haus der Schleuse und warte zusammen mit den verantwortlichen Männern und einigen Schaulustigen auf eine bedeutende Stunde, die Stunde der Hochflut, die um 0.33 Uhr fällig ist. Während der Sturm die Regen- und Wasserböen der Nordsee gegen die Fenster peitscht, erfüllt eine wohlige Wärme den Raum, der mit Pfeifendunst geschwängert ist.

Der Sturm heulte

Es war ein beschwerlicher Weg, um bis zur Schleuse zu gelangen. Das Heulen des Sturmes wurde begleitet vom Getöse herunterstürzender Dachziegel. Der Weg führte vorbei an entwurzelten großen Bäumen im Schloßgarten. Aber erst auf dem Deich wurde man sich der Wucht des Sturmes bewußt. Viele, meistens junge Leute, hatten sich auf den Weg zum Außendeich gemacht. Regen und Hagel prasselten ins Gesicht, und man hatte Mühe, auf der Deichstraße festen Halt zu bekommen.

Ein erschreckendes Bild

Während in dem gefüllten Hafenbecken die Schiffe noch friedlich schaukelten, bot sich schon an der Schleuse ein erschreckendes Bild. Schon kurz nach 22 Uhr, also noch 2½ Stunden bis zur Hochflut, spritzte der Gischt der hohen Wellen über die Deichkrone hinweg. Wer sich weiter von der Schleuse in Richtung „Erholung" vorwagte, war in Lebensgefahr. Viele scheuten diese Gefahr nicht.

Weit draußen Lichter

Vor der Schleuse schaukelte in den Wogen ein Schiff, das den sicheren Hafen nicht mehr rechtzeitig erreichen konnte. Seine Besatzung war an Bord geblieben. Weit draußen, wie mitten im tosenden Meer, sah man noch die Lichter der „Erholung". Ein gespenstisches Bild.
An der Schleusenseite stand eine Wagenkolonne der Bundeswehr und wartete auf ihren Einsatz. Würde man sie benötigen?

3,76 Meter über Normal!

Es ist 22.50 Uhr. Der Wasserstand vor den Schleusentoren beträgt 10,24 Meter. Das bedeutet 3,76 Meter über normalem Hochwasser und größte Gefahr für unsere Deiche. Der Wasserstand ist der höchste in diesem Jahrhundert und übertrifft sogar den der großen Sturmflut von 1916, als das Wasser 10,09 Meter hoch vor den Schleusen gestanden haben soll. Auch die Sturmflut von 1936 brachte „nur" einen Wasserstand von 9,97 Meter bei Mittel-Tidehochwasser. Merkwürdig ist auch die Datengleichheit mit der Sturmflut von 1916. Damals stieg das Wasser auch am 16. Februar auf 10,09 m, wie geschätzt wurde, da der Schreibpegel ausgefallen war.

Es kommt noch schlimmer

Aber es soll noch schlimmer kommen. Der „Blanke Hans" ist heute nacht in seinem Element und wirft seine Wassermassen in ungezügelter Wucht gegen Deich und Schleusentore, die unter der Kraft des Anpralls laut stöhnen. Sie werden ein wenig geöffnet, um einen ausgeglichenen Wasserstand zu schaffen und ein Zerbersten zu vermeiden.

Um 23.12 Uhr zeigt der Pegelstand 10,21 Meter, 3,77 Meter über Normal. Bange Blicke richten sich auf die hohe Kurve, die von einer Nadel gezeichnet wird. Sie erreicht fast das Ende des Papierbogens. Was wird sie in dieser Nacht noch anzeigen?

Die Lichter erloschen

Die Lichter in der „Erholung" sind erloschen. Das Haus steht einsam und verlassen in dem schmutzig-aufgewühlten Meer. Wird es dem „Blanken Hans" trotzen können?«

Die dramatischen Stunden in Eiderstedt

Wir schreiben den 16. Februar 1962, einen Freitag. Schon in der vergangenen Nacht heulte der Sturm, will sich auch am Morgen noch nicht beruhigen. Über Tag nimmt er gar noch zu. So bricht die Nacht herein. Wir sitzen am Fernsehgerät, da erlischt plötzlich das Licht. Kerzen werden angezündet, und man ist froh, daß die noch von Weihnachten her vorhanden sind. Denn der Strom in den folgenden Stunden und Tagen kommt wohl noch manchmal wieder, aber eben doch nur selten.

Alarm! Alarm!

Gegen 22 Uhr, uns alle hat schon eine große Unruhe gepackt, ertönt die Sirene der Feuerwehr: Alarm! — Wo brennt es? — Auf dem nur durch die Scheinwerfer der Feuerwehrautos erhellten Marktplatz erhalten wir die längst im Stillen schon befürchtete Gewißheit: Kein Feuer bedroht uns, nein, etwas viel Gefährlicheres will über Eiderstedt kommen — das Wasser der Nordsee.

Mit taumelnden Schritten

Mühsam kämpft sich der Wagen durch die nur von einem schwachen Mond erhellte Nacht. Wir fahren nach dem Norderheverkoog. Der Sturm reißt uns den Atem vom Mund, als wir dann auf der Straße aussteigen, die durch den Koog führt. Da ist ein Weg! Er weist auf den Deich zu. Nur mit kleinen, taumelnden Schritten gelingt es voranzukommen. Und dann bietet sich dem ungläubigen Auge ein seltsames Bild. Unser erster Gedanke: Wieso sind dort Wellblechplatten aufgerichtet an der Innenböschung des Deiches? Aber dann erkennen wir: Das ist Wasser! Es strömt unaufhaltsam über die Deichkrone in den Koog hinein.
Und erst gegen 24 Uhr wird die See ihren höchsten Stand erreicht haben! Bis dahin vergeht fast noch eine Stunde! Was soll nur werden?

Das Wasser fällt!

Männer stehen am Deich, suchen die besonders gefährdeten Stellen durch Sandsäcke zu befestigen. Dann — plötzlich — dreht der Wind ein wenig, und wieder nach einer kleinen Weile, die uns allen doch so furchtbar lang erscheint, fällt das Wasser — nicht minder unvorhergesehen — ein gutes Stück von der Deichkrone zurück. Manche sagen später, das sei geschehen, weil im Uelvesbüller Koog der Deich brach und die Flut dort nun alles überspülen konnte. Ob das stimmen kann? Niemand vermag es zu sagen.

Hiobsbotschaften

Während all dieser Zeit hat sich im Kreishaus zu Tönning ein Einsatzstab gebildet. Man arbeitet bei Kerzenlicht, denn der elektrische Strom ist schon wieder ausgeblieben. Die Telefone klingeln. Hiobsbotschaften von allen Enden des Kreises: Der Eiderdeich bei Saxfähre ist in Gefahr, das Wasser droht über die Hochfluttore Tönnings zu schlagen, im Uelvesbüller Koog hocken die Menschen schon auf den

Dächern ihrer Häuser, Tiere ertrinken, der Deich des Tümlauer Kooges wird dem Ansturm der Wogen nicht mehr lange standhalten können, in St. Peter werden die Dünen von der Flut fortgerissen, schon ist das Wasser in den Ort gedrungen, überflutet die Badallee, im Ehstenkoog schlägt es über den Deich, beginnt ihn von der Innenseite her zu zerstören, die Bewohner des Grothusenkooges, des Wilhelminenkooges, von Vollerwiek und überhaupt alle, die dort an der Küste wohnen, sind in Gefahr! — Was soll man nur tun? Alle Feuerwehren stehen an den Deichen und viele Freiwillige. Aber es sind ihrer doch viel zu wenige. Sie tragen Säcke von überall herbei, füllen sie mit von Regen und Schnee aufgeweichter Erde, schleppen sie auf die Deiche. Aber es gibt auch zu wenig Säcke, und Faschinen sind überhaupt kaum vorhanden.

Der Einsatzstab im Kreishaus müht sich um Hilfe von außerhalb! Wie schwer ist es, telefonische Verbindungen zu bekommen! Alle Leitungen sind überlastet. Dann ist endlich Kiel am andern Ende: Ja, wir schicken Hilfe! Ja, ihr bekommt auch Faschinen und Säcke und Pfähle! — Ach wäre das alles und wären die Helfer nur schon da! — — Und dann kommen sie. Zuerst die Bereitschaftspolizei aus Eutin. Sie rückt sofort weiter nach Tetenbüllspieker. Denn wenn der Deich dort bricht, wird das Wasser weit hinein nach Eiderstedt fließen, wird es in zwei Teile spalten. Jetzt kommen auch Soldaten und trifft Baumaterial ein.

Um 23.30 Uhr wird es aber bittere Tatsache. Eine Stelle, die schon vor einer halben Stunde von den Fluten angenagt wurde, ist gebrochen.

„Der Deich ist gebrochen! Ich sah, wie die Straße sich unaufhörlich hob, wie immer mehr vom Deich abbröckelte, bis er schließlich brach. Es ist ein riesiger Durchbruch, vielleicht 30 Meter breit." So berichtet ein Ingenieur vom Marschenbauamt. Die Durchbruchstelle soll ungefähr am Beginn des Straßenanstiegs sein. Es ist unmöglich, zu ihr zu gelangen. Schon an weiteren Stellen hat die Nordsee zugepackt, und es droht ein neuer Bruch. Eine Besichtigung wäre glatter Selbstmord. Und noch immer ist es eine halbe Stunde bis zur Hochflut. Was wird sie bringen?" Hier endet der Augenzeugenbericht.

In aller Eile wurde der Sand in die Sandsäcke gefüllt, um die zum Fürchten großen Löcher mit ihnen und — wo vorhanden — mit Faschinen zu füllen.

Uelvesbüller Koog vollgelaufen

Das war auch der Augenblick, in dem der Deich des Finkhaushalligkooges in schwerste Gefahr geriet. Hier riß die Flut gewaltige Löcher in die Wälle, die stellenweise nur noch eine Kronenbreite von etwa 30 Zentimetern behielten. Der Simonsberger Koogsdeich wurde so hart getroffen, daß höchste Gefahr für die Bewohner bestand. In fliegender Hast wurden die wichtigsten Dinge auf Fahrzeuge verladen. Evakuierungen begannen. Da kam eine neue Schreckensnachricht: Der Deich des Uelvesbüller Kooges war der Wucht des unaufhörlich anrennenden Wassers nicht mehr gewachsen. An zwei Stellen triumphierten die entfesselten Naturgewalten über die Schutzwälle der Menschen. Buchstäblich in letzter Sekunde wurde der Koog geräumt. Fruchtbarstes Ackerland wurde überflutet, und das Vieh ertrank in den Ställen.

Im Sturmboot gerettet

Als man alles gerettet glaubte, stellte sich heraus, daß noch ein Ehepaar auf dem Dach eines Hauses auf Hilfe hoffte. Soldaten sprangen in die Bresche. Der tosende Sturm übertönte das wütende Brummen des überanstrengten Motors des Sturmbootes, in dem sich mehrere Bundeswehrangehörige auf lebensgefährliche Rettungsfahrt wagten. Erst nach mehreren Anläufen war es möglich, das Ehepaar an Bord zu nehmen. Glücklich erreichte man das rettende Ufer.

Inzwischen spitzte sich die Situation an den schwer angeschlagenen Deichen weiter zu. Wenn kein Wunder geschah, dann . . . niemand wagte sich auszumalen, was geschehen würde! Die Flut brauchte nur noch wenige Zentimeter zu steigen, der Sturm nur noch einige Minuten anzuhalten, um den kümmerlichen Deichresten endgültig den Garaus zu machen. Weite Teile des Inlandes waren aufs höchste bedroht. Mit Erschrecken rechnete man sich aus: Sollten auch die letzten Bastionen im Schwall des Wassers zusammensinken, dann würde ein See entstehen, der sich im Süden bis Friedrichstadt erstreckt. Husum, wo noch immer die meisten Menschen schlummerten, würde in großen Teilen überflutet werden!

Ein Wunder geschah

Das Wunder, auf das man an den Deichen wartete, geschah. Als habe die Natur ein Einsehen mit den gepeinigten Deichen: die Flut kenterte. Die Männer auf den Deichen trauten ihren Augen nicht. Es war noch etwa eine Stunde bis zum erwarteten höchsten Wasserstand. Auch der Wind begann geringfügig, doch merklich abzuflauen. Die erste Schlacht schien geschlagen zu sein. Sie brachte unermeßliche Verluste und war fast einer Niederlage gleichzusetzen.

Der Deich des Uelvesbüller Kooges war dem Ansturm der Wellen nicht gewachsen. Fluchtartig mußten Mensch und Tier ihre Heimstätten verlassen. Erst aus der Luft war das Ausmaß der Katastrophe erkennbar. So weit das Auge reichte, standen im Uelvesbüller Koog (vorn und unten) und im Norderfriedrichs-Sommerkoog (hinten) die Wassermassen.

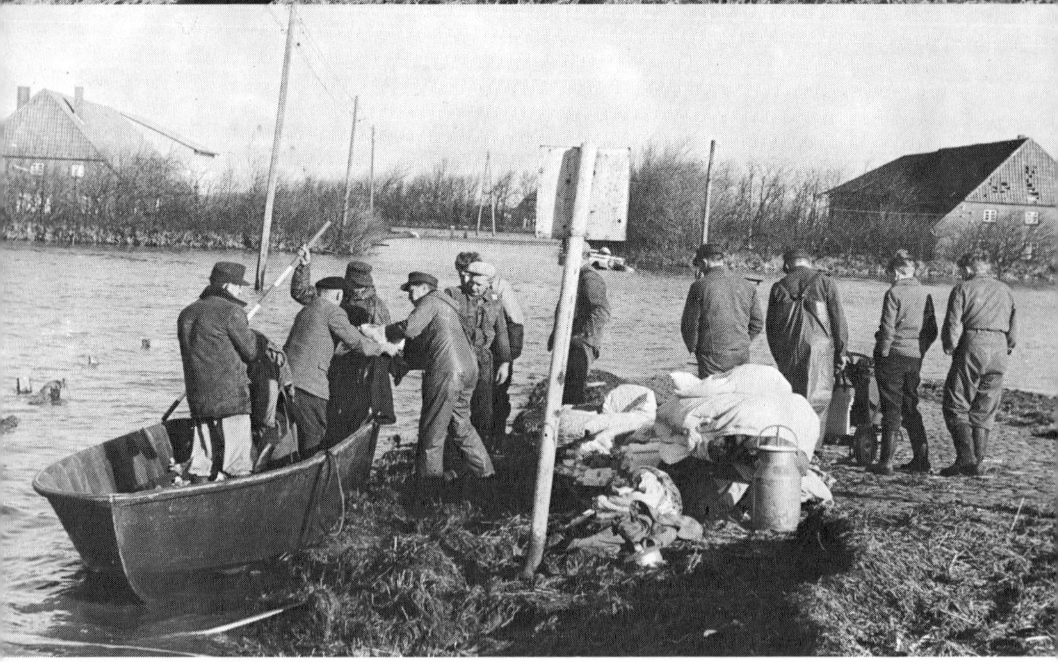

Die Durchbruchstelle des Uelvesbüller Deiches. Deutlich zu sehen die tiefe Auskolkung an der Durchbruchstelle.

Links: Zahllose Helfer waren bereit, den in Eile flüchtenden Bewohnern des Uelvesbüller Kooges beim Bergen des wichtigsten Hausrates zur Hand zu gehen. Mit Booten wurden die Möbel aus den Häusern geholt und dann mühsam durch die kleiigen Wege geschleppt

Es war eine mühsame Arbeit, gegen den immer noch herrschenden Sturm die ersten Faschinen über die Deiche zu schleppen. Alles, was Beine hatte, stellte sich zur Verfügung. Die örtlichen Feuerwehren waren geschlossen im Einsatz. Oft ohne Mütze und Handschuhe trotzten die Männer dem eisigen Wind und halfen, wo Not am Mann war (Bilder oben). Wie hoch steigt die nächste Flut (Bild links Mitte)? Banges Warten an der mit Holzbohlen und Sandsäcken geschlossenen Stöpe. Eine traurige „Nachtarbeit" bei Uelvesbüll: Angeschwemmte Tierkadaver werden wegen der Seuchengefahr schnellstens weggeschafft (Bild links unten).

Der Sturm warf sieben Fischkutter aus St. Peter-Ording auf den schwer angeschlagenen Deich des Tümmlauer Kooges. Sie wurden gesprengt, weil sie nicht zu bergen waren und den Deich gefährdeten. Die Badebrücke machte sichselbständig, imHintergrund angenagte Dünen

Zum Fürchten große Löcher in den Deichen

Inzwischen ist Eiderstedt zum Notstandsgebiet erklärt worden. Der Tümlauer Koog wird geräumt und auch der Norderheverkoog. Weder Menschen noch Tiere bleiben darinnen. Nur an den Deichen, da läßt ein wie zum Hohne strahlend heraufsteigender Tag Hunderte und Aberhunderte von gegen die Zerstörung kämpfenden Männern sichtbar werden. Sie leisten schwerste Arbeit, denn zum Fürchten groß sind die Löcher in den Deichen. In den des Tümlauer Kooges hat der Sturm mit seiner ungeheuerlich starken Faust sieben Fischerboote hineingerammt. Man wird sie mit Dynamit heraussprengen müssen. Es ist ein Wunder, daß die See nicht überall durchgebrochen ist wie im Uelvesbüller Koog, wo Pioniere mit Schlauch- und Sturmbooten bemüht sind, Menschen und Tiere zu retten. Schafe und Schweine aber sind dort schon allzu viele ertrunken. Wir fahren nach St. Peter. Es rauscht und sprüht, als der Wagen die Badallee erreicht hat. Dort steht noch das Wasser, der Rest jener Fluten, die in der Nacht die Erdgeschosse aller Häuser am Strande überrollten. Das Meer hat die Dünenlandschaft hart mitgenommen. Was dort einst sanft anstieg vom Strande aus, gleicht nun einer Steilküste oder ist gar völlig flach geworden. Jetzt geht es darum, Abbruchstellen zu sichern in Ording, wo das Wasser sich bis in den Ort ergoß. Währenddessen ist man die ganze Nacht hindurch auch im Ehstenkoog nicht müßig gewesen. Die Männer sind jetzt dabei, die Innenseite des Deiches zu flicken. Wäre hier die Flut nicht gerade noch zur rechten Zeit zurückgegangen, der Deich hätte ihr gewiß nicht mehr lange standgehalten. Und weit hinein ins Land wäre dann das Wasser gelaufen, ohne daß man es hätte aufhalten können. Gerade in diesem südwestlichen Teil der Halbinsel finden sich keine nennenswerten Mitteldeiche mehr.

Nun danket alle Gott . . .

Riesengroß waren die Gefahren und waren auch die Sorgen dieser Nacht. Wie glücklich dürfen wir jetzt sein, denn: Wir sind noch einmal davongekommen! Am Sonntag werden die Glocken der achtzehn Eiderstedter Kirchen zum Gottesdienst rufen. Viele werden ihnen nicht folgen können, viele Männer der Bevölkerung, der Feuerwehren, der Polizei und der Bundeswehr. Die Arbeit muß weitergehen an den Deichen. Riesenlöcher sind zu flicken. Doch während sie sich plakken, mag es wohl auch in ihren Herzen mitschwingen das Lied, das dann durch die Mauern der alten Kirchen dringt: Nun danket alle Gott!

In Westerland stürzten die schon nach voraufgegangenen Sturmfluten geräumten Häuser endgültig auf den erheblich schmaler gewordenen Strand (Bild oben).

Hörnum war einer der gefährdetsten Punkte der Westküste. Hier durchbrachen die Wassermassen die an dieser Stelle nur dünne Dünenkette Sylts und setzten bis an die Kersig-Siedlung den ganzen Ort unter Wasser.

Am Morgen: Ein Bild der Vernichtung

Als der Morgen sich mühselig gegen den immer noch herrschenden Sturm über den Horizont schob, bot sich dem Auge an der ganzen Küste von Sylt bis Emden ein Bild des Grauens und der Vernichtung. Überall hinterließ die grausame Flut verheerende Verwüstungen. In Hamburg wurde höchste Alarmstufe für Feuerwehr und Polizei gegeben. Die gesamte Hamburger Innenstadt stand bis zum Rathaus unter Wasser. Besonders schwer betroffen war der Ortsteil Wilhelmsburg, wo bis zu 70 000 Menschen obdachlos wurden und Häuser reihenweise zusammenbrachen. Hier versagte das Warnsystem restlos. In Schrebergartenkolonien lagen die Toten auf den Dächern, trieben die Leichen im Wasser. Hier kam jede Hilfe zu spät. Erst nach Tagen hatte man einen Überblick: über 300 Tote allein im Hamburger Bereich.

Nach Süden immer schlimmer

Die Sturmflutschäden waren um so schlimmer, je mehr man von Norden nach Süden kam. Kein Wunder! Denn während noch in Westerland das Hochwasser 60 cm unter dem vorausberechneten Stand blieb, wurde er — hervorgerufen durch den anhaltenden Nordwestwind — bei Brunsbüttelkoog sogar übertroffen. So kam es, daß in Schleswig-Holstein die schwersten Schäden von Husum abwärts im Eiderstedter und Süderdithmarscher Küstengebiet entstanden, während die dänischen Deiche hielten.

Mehr als zwölf Koogdeiche waren gebrochen. Kein Kilometer der Deiche an der Westküste hatte den Sturm unversehrt überstanden. Etwa 15 Köge an der Küste und auf der Insel Nordstrand wurden geräumt. An Todesopfern war an der Westküste nur ein Rentner aus Itzehoe zu beklagen.

Stromnetz fiel aus

Das deutsche Stromverbundnetz bis zur dänischen Grenze war zusammengebrochen. Zahlreiche Großkraftwerke waren ausgefallen. Millionen von Menschen saßen in kalten Wohnungen, ohne Licht, ohne warmes Essen, weil sie nur auf Strom angewiesen waren.
Auf den zehn Halligen ergab sich eine neue Gefahr: Die Fethinge, in denen das Regenwasser als Trinkwasser aufgefangen wird, waren voll Salzwasser gelaufen. Das Vieh brüllte wie wahnsinnig vor Durst. Hubschrauber und Schiffe brachten von Husum aus Trinkwasser nach den Halligen. Schwergetroffen wurde das wiederaufgebaute Helgoland. Ein Teil der Badedüne wurde fortgespült, die Zeltstadt zerstört.
Die Bundesbahnstrecke Glückstadt—Itzehoe wurde wegen Unterspülung der Störbrücke gesperrt. Eil- und D-Züge zwischen Hamburg und Husum—Westerland wurden über Wrist—Itzehoe umgeleitet. Schäden an den Fernmeldeeinrichtungen der Bundespost sind in Schleswig-Holstein nur in Elmshorn eingetreten, wo das Orts- und Knotenamt unter Wasser stand.

Erschütternde Szenen in Hamburg

Erschütternde Szenen haben sich in der Nacht zum Sonnabend und in den frühen Morgenstunden in dem Kleingartengebiet in Hamburg-Wilhelmsburg an der Georg-Wilhelm-Straße abgespielt. Die meisten Bewohner wurden von der Flut im Schlaf überrascht. Nur spärlich bekleidet, oft fast nackt, suchten sie auf den Dächern eine Zuflucht. Dort kamen viele vor Erschöpfung und Kälte um.

So sah es in Husum aus

In der Umgebung Husums sah es so aus: Etwa 200 Meter westlich der neuen Husumer Seeschleuse war der Deich in einer Breite von etwa 50 Metern durchbrochen, so daß hier jetzt eine riesige Lücke klaffte. Die Sturmflut, die in der Freitagnacht nicht nur über den Deich hinwegströmte, konnte hier ungehindert in den Dockkoog stürzen, der meterhoch überschwemmt wurde. Ein in der Nähe der Durchbruchstelle im Dockkoog stehender Holzschuppen, der den im Koog weidenden Schafen Schutz bot, wurde weggerissen. Die Schafe haben die Sturmnacht nicht überlebt.
Auch die hinter dem Deich entlanglaufende Teerstraße, die in den Koog in Richtung „Erholung“ hinabführte, war völlig zerstört.

Fünf Brüche beim Dockkoog

Etwa fünf Einbrüche wies auch der Dockkoogsdeich im Norden der Badekabinen auf, wenn diese Lücken auch nicht so folgenschwer waren wie der große Durchbruch vor der Schleuse.

Der Husumer Außendeich war in diesem Jahrhundert schon mehrmals durchbrochen, so besonders in der schweren Herbst-Sturmflut des Jahres 1923.

Schreckerfüllte Stunden

Schreckerfüllte Stunden mußte die Familie Matzen in der Gastwirtschaft „Erholung“ erleben. Das Vieh wurde während des Sturmes aus dem tiefliegenden Stallgebäude den Deich hinaufgetrieben und in der Veranda der Gastwirtschaft untergebracht. Es wurde auf diese Weise vor dem Ertrinken bewahrt.
Auf dem Wege nach Nordstrand überraschte, daß die See einige hundert Meter nordwestlich des Friesenheimes über die Straße vorgedrungen war und diese an einer Stelle tief aufgebrochen hatte. Die Folge davon war, daß die östlich der Straße liegenden Koppeln in tiefe Seen verwandelt wurden, aus denen nur noch die Kämme der Wälle und die Spitzen der Einfriedigungspfähle herausragten. Hier befindet sich wohl die einzige Stelle an der ganzen Nordseeküste Schleswig-Holsteins, die nicht durch einen Deich oder Dünen geschützt ist.

Schwere Schäden auf Nordstrand

Auf Nordstrand konnten die Außendeiche nur mit größter Mühe gehalten werden. Auf Nordstrand-Oben wurde an der Außenseite des Deiches ein etwa 100 Meter langes Loch gerissen, das stellenweise 3 bis 4 Meter tief war. Beim Hafen Strucklahnungshörn wurde der Schirmdeich weggerissen. Die größten Schäden an den Nordstrander

Nicht nur die Wasserflut, auch der orkanartige Sturm richteten erheblichen Schaden an. Einige gefährdete Köge wurden geräumt. Viehtrecks auf dem Wege in die Sicherheit.

Außendeichen entstanden ausgerechnet im Windschatten.
Der Außendeich des Trendermarschkooges beim Hof des Bauern Karsten Hinz war durch das Überlaufen von Wasser an der Innenseite (!) so weit geborsten, daß jederzeit mit dem Brechen des Deiches gerechnet werden mußte. Noch schlimmer stand es um den Außendeich des Neukooges. Zerstörend hatten die Wassermassen vom Hof des Bauern Boy Obsen bis zum Süderhafen gewütet. Ein 300 Meter langes Loch, das ebenfalls durch das Überlaufen von Wasser an der Innenseite des Deiches entstanden war und stellenweise zum Nachstürzen der Deichkrone führte, gefährdete den Neukoog so weit, daß man bereits in der Nacht zum Sonnabend mit der Räumung begann, diese aber wieder einstellte, als die größte Gefahr vorüber war.
An der ganzen Nordseite des Nordstrander Dammes befand sich Loch an Loch. An einer Stelle wäre der See fast ein Durchbruch gelungen, denn hier war bereits die Einfriedigung unterwühlt.
Auf Nordstrand hatte sich vor allem der Mangel an Sand übel bemerkbar gemacht. Man half sich kurzerhand damit, daß man als erstes den Streusand an den Straßen nahm. Hier zeigte sich auch, wie wertvoll „Kamerad Pferd" noch heute in solchen Augenblicken ist. Die Pferde kamen überall durch, wo die Traktoren im Schlamm steckenblieben.

Sicherungen in Ockholm

Sehr schnell wurden die ersten Absicherungsarbeiten am Ockholmer Süderdeich beendet. Der Seedeich, der wegen des Baues von Katastrophenwegen etliche Meter seewärts verlegt worden war, kam nicht ungeschoren davon, wenn sich auch die Schäden in erträglichen Grenzen hielten. Das Allerschlimmste konnte vermieden werden, weil diesen „jungen" Süderdeich der Nordwestwind nicht in voller Angriffsfläche packen konnte. Schon am Spätabend des 16. Februar wurde die aufgewühlte See durch Deichanwohner ständig beobachtet.
Telefonisch wurden sofort Oberdeichgraf, Marschenbauamt, Deichbauamt Niebüll usw. in Kenntnis gesetzt. Lastwagen aus Langenhorn wurden zum Faschinenfahren von Husum nach Ockholm beordert. Um die frühe Morgenstunde konnte man auf dem Bauhof des Marschenbauamtes in Husum noch aus dem Vollen schöpfen. Punkt 4 Uhr morgens rollte schon der Materialtransport nach dem Süderdeich. Wenige Minuten später, als alle notwendigen Anrufe erledigt waren, setzte das Telefon aus.
Der frühzeitigen Alarmierung, dem sofortigen Einsatz aller arbeitsfähigen Männer und dem frühzeitigen Materialanrollen ist es zu verdanken, daß die Schäden am „jungen Seedeich", dem Süderdeich, verhältnismäßig gering blieben.

Die Halligen am schlimmsten betroffen

„Einfach zu schnell kam die See“

Wohl am schlimmsten betroffen waren die Bewohner unserer Halligen. Von manchen Warften waren lediglich Mauerreste zu sehen. So klammerten auf Langeneß (Hunkenswarft) die Bewohner sich mit einem Kleinstkind oben auf der Heuklamp fest, nachdem alles von einer Welle weggerissen worden war. Hier verbrachten sie die Stunden größter Gefahr. Es war einfach nicht zu glauben, daß alle Halligleute mit dem Leben davongekommen sind.

„Über drei große Schiebkarren voll Schlick und Dung habe ich allein aus dem Flur geschaufelt“, erzählte Marga B., die ihren Urlaub auf der Hallig verbrachte. Fast alle Ställe liegen zum Norden. Von Nordwest brach die See ein. Neben allem Unrat trieb das Meer die Jauche aus den Stallungen in die Wohnungen.

Ein besonders schwieriges Problem stellten die voll Salzwasser gelaufenen Fethinge dar, in denen die Halligbewohner Regenwasser als Trinkwasser auffangen. Unser Bild zeigt einen verschlammten Fething auf Hooge. Die Feuerwehren und Fischer pumpten später die Fethinge leer. Durch Wasserschuten mußten die Halligen mit Trinkwasser versorgt werden.

Möbel trieben im Zimmer

Die Möbelstücke trieben unter der Decke. Anbauten und ganze Häuser stürzten zusammen. Die Brecher schlugen über die Häuser. Das Innere aller Warften glich nur noch einem See. Zu einigen Warften (Volkerts-, Kirch-, Ipkenswarft und Mitteltrifft) auf Hooge bestand keine Verbindung. Erst durch den Einsatz der Hubschrauber konnte festgestellt werden, daß hier die Menschen noch am Leben waren. Auf der Hanswarft stürzte das Haus von M. Diedrichsen ganz zusammen, das Jugendlager und mehrere Baracken auf der Ockelützwarft waren ganz verschwunden. Zwei kleinen Kindern, von denen eins mit Fieber auf der Hallig darniederlag, saß der Schock noch in den Knochen. Sie kamen mit den Hubschraubern auf dem Festland an wie Flüchtlinge, denn die See hatte alle ihre Bekleidung fortgetrieben.

Einem Hooger Schüler glückte am Morgen nach der Flut diese noch nie gemachte Aufnahme von der Hanswarft aus. Alle Fethinge, Wege und Zäune der Hallig liegen noch immer unter Wasser, das nachts bis in die Häuser eingedrungen war. Links neben dem Gebäude befindet sich der bekannte Königspesel. In diesem Hause weilte 1825 der dänische König Frederik VI., um die damaligen großen Sturmflutschäden zu besichtigen.

Während sich die Nordsee die Wände der Gebäude wie auf Hallig Hooge (Mitteldrift) vornahm, deckte der Orkan die Dächer ab.

Schiffe vollgeschlagen

Die in der Schleuse liegenden Schiffe auf Hooge waren vollgeschlagen oder über Land getrieben. Die „Columbus" saß hoch und trocken auf der Kirchwarft.
„Einfach zu schnell kam die See", berichtete M. B. „Noch glaubten wir, daß der höchste Stand erreicht war, als das Wasser in den Flur drang. Ich wurde zum Süden gerufen, wo das Vieh vom Nachbarn in einem Schuppen stand. Wir griffen uns ein Tier. Ich bin mehrere Male bis über die Brust ins Wasser gefallen, schaffte es aber doch, das Tier in einen Stall zu kriegen. Hernach stand die See in allen Räumen. Sie fegte vom Norden zum Süden durch. Wir fanden kaum Zeit, noch trockene Stücke zu greifen, um Zuflucht auf dem Boden zu finden! Schafe, die in die Häuser getrieben waren, ertranken hier. Sogar Großvieh erlitt in manchen Ställen oder Wohnräumen den Wassertod oder wurde von den Fluten abgetrieben."

Versorgung aus der Luft

Die Versorgung der Bewohner von Langeneß erfolgte mehrere Tage aus der Luft. Lebensmittel und vor allen Dingen Trinkwasser und Medikamente und Brot wurden mit Hubschraubern eingeflogen.
Von Schlüttsiel wurden etliche Motorpumpen zur Hallig herübergeschafft, um in ununterbrochenem Lauf die Trinkwasserzisternen vom Salzwasser leerzupumpen. Auf sechs Schuten wurde gleichfalls Trinkwasser zur Hallig gefahren. Den Langenessern fehlte es zunächst vor allen Dingen an Bekleidung, Betten, Matratzen für die vier obdachlos gewordenen Familien. Auch die Hallig Süderoog hatte sehr schwer gelitten. Hier wurden am Sonntag und Montag drei Hubschrauber eingesetzt, die vor allen Dingen die Lebensmittelversorgung sicherstellten, da man sich anscheinend nicht so wie auf anderen Halligen mit den notwendigsten Lebensmitteln für einen Katastrophenfall eingedeckt hatte.

Kolonnen von Schaulustigen

Je weiter man nach Norden kam, desto geringer wurde die Zahl der Einsatztrupps, weil hier im nördlichen Teil des Kreises Husum bis hinein in den Kreis Südtondern die Deichschäden nur in geringerem Umfange eingetreten waren.

Am neuen Hafen von Schlüttsiel waren keine Schäden festzustellen. Dasselbe war in Dagebüll der Fall, wo lange Autokolonnen parkten und besonders aus Niebüll viele Schaulustige einen Blick auf die immer noch stürmisch bewegte See warfen. Ein lohnendes Objekt für die Fotografen bildete das Motorschiff „Wyk/Föhr", das von dem Sturm gegen die Mole gedrückt worden war und dort festsaß.

Die modernen Deiche hielten

Für die Deichbautechniker brachte die Sturmflut durch das Beispiel des kaum drei Jahre alten Deiches vor dem neuen Hauke-Haien-Koog eine wesentliche Erfahrung. An dem Deich, der mit 70 bis 120 Meter Sohlenbreite doppelt so breit angelegt ist wie die früheren Deiche und der ein wesentlich flacheres Profil erhalten hatte, konnte die Sturmflut nur ganz geringfügige Schäden anrichten. Ähnlich war es vor dem neuen Friedrich-Wilhelm-Lübke-Koog.

Obwohl der Wasserdruck an der Festlandküste von Südtondern nicht so stark war wie vor Husum und Eiderstedt, wurde dieses Motorschiff hoch auf die Deichböschung bei Dagebüll geworfen. Da eine Bergung zu kostspielig geworden wäre, wrackte man es ab. Dabei zeigte sich, daß es sich über einen Meter tief in den Deich gebohrt hatte.

Der Großeinsatz der Bundeswehr

In der Sturmflutnacht und in den folgenden Tagen war die Bundeswehr die am schnellsten verfügbare und auch wertvollste Hilfe der einheimischen Fachkräfte im Katastrophengebiet. Nirgendwo anders waren so schnell so viele Menschen zu alarmieren und stand ein so umfangreicher Park von technischen Hilfsmitteln zur Verfügung. Zwischen der Bevölkerung und den Soldaten entspann sich dabei ein vielerorts sehr herzliches Verhältnis, von dem manche kleine und große Tat in diesen Tagen Zeugnis ablegte. Die Bevölkerung ganzer Städte lud „ihre" Soldaten zu einer Erholungspause in die Familien ein.

Nach der Katastrophe wurde im Bundestag von einem Sprecher des Bundesverteidigungsministeriums ein Überblick über den Einsatz der Soldaten mit vielen aufschlußreichen Zahlen gegeben. Insgesamt 40 000 Soldaten aus 93 Bataillonen und 72 kleineren Einheiten der Bundeswehr waren mit Rettungs-, Transport- und Ausbesserungsarbeiten beschäftigt. Unter den Einheiten waren zwölf Pionierbataillone und neunzehn Pionier-Kompanien. Insgesamt wurden etwa 200 Sturmboote und 140 Schlauchboote eingesetzt. Auch die verbündeten Truppen stellten Soldaten und Material zur Verfügung. Hunderte von Soldaten der Husumer Grenadier- und Luftwaffeneinheiten waren ebenfalls im Hilfseinsatz.

Die Bundeswehr schaffte 160 große Maschinen und Geräte, wie Planierraupen und Erdhobel, in das Katastrophengebiet. Die eingesetzten 3300 Bundeswehr-Fahrzeuge verbrauchten 1 300 000 Liter Benzin. 71 Hubschrauber der Bundeswehr und 25 der amerikanischen Wehrmacht konnten 1500 Menschen aus den überfluteten Gebieten, hauptsächlich in Hamburg-Wilhelmsburg, bergen. Sie beförderten 2000 Tonnen Material zu einem großen Teil nach den Halligen. Zusammen wurden 100 Lufttransport-Einsätze mit 385 Flugstunden registriert.

Durch den gezielten Einsatz der Bundeswehr mit ihrem umfangreichen Park an technischen Hilfsmitteln konnten viele gefährdete Stellen in kurzer Zeit notdürftig gesichert werden.

Frauen schafften, meist ohne eigens aufgefordert zu sein (Bild Mitte), den fleißig im Sturm arbeitenden Soldaten heißen Kaffee und belegte Brote auf den Deich.

Lastzug reihte sich an Lastzug im Materiallager des Marschenbauamtes. Gut, daß es reichlich bevorratet war.

Der Abteilungskommandeur des Panzergrenadier-Bataillons 163 in Flensburg taufte den Simonsberger Deich, an dem seine Männer einen hervorragenden Einsatz geleistet hatten, treffend auf den Namen „Deich der 163er“. Zum Abschluß ihres Katastropheneinsatzes legten dort in einer symbolträchtigen Feier rund 700 junge Rekruten den Fahneneid ab.

Es war eine mehr als Worte sagende schöne Geste, als ein Mädchen aus dem Simonsberger Koog im Namen der Kinder dem Kommandeur des Bataillons bei der Feier am Deich einen Blumenstrauß überreichte. Das Mädchen wollte auf diese Weise dafür danken, daß die Soldaten geholfen hatten, den Kindern die Heimat zu erhalten.

Ein „amtlicher" Schadensüberblick

Die Landesregierung in Kiel veröffentlichte nach der Katastrophe folgenden gedrängten Überblick:
Am Vormittag des 16. Februar teilte der Leiter des Wetteramtes Schleswig der Landesregierung mit, daß sich von Norden her ein Sturmtief mit Orkanböen bis zu Windstärke 12 bei gleichzeitigem starkem Temperaturabfall nahe, das sich im Laufe des Nachmittags noch verstärken werde. Die Landräte der Westküstenkreise wurden verständigt, die ihrerseits unverzüglich mit den erforderlichen Sicherheitsvorkehrungen begannen und Katastrophenalarm gaben.
Die Dienststellen der Wasserwirtschafts- und Verkehrsabteilung, des Straßenbaus usw. wurden benachrichtigt. Die Mitarbeiter des Leiters des Katastrophenabwehrdienstes wurden zusammengerufen, um unverzüglich mit der Koordinierung der zu treffenden Maßnahmen zu beginnen.
Im Bereich der gesamten Westküste Schleswig-Holsteins wurde Katastrophenalarm gegeben und die Leitstellen in den Landratsämtern der betreffenden Kreise besetzt. Ebenso wurden an den Deichen sofort alle Wehrabschnitte mit den zuständigen Wehrabschnittsleitern und ihren Hilfskräften besetzt. Das Wasser stieg sprunghaft weiter an. Es wurde offenkundig, daß eine Flutwelle mit einem Wasserstand, der bisher noch nie gemessen wurde, auf unsere Küste zukam. Der Höchstwasserstand wurde kurz nach Mitternacht mit 3,77 m über dem mittleren Hochwasserstand festgestellt (gemessen am Pegel Husum). Der bis dahin je gemessene Höchstwasserstand (1916) betrug 3,50 m. An der Stöpe in Tönning maß man 3,93 m, was aber vermutlich auf einen Rückstau (der Eider) zurückzuführen ist.
Am besten und ohne nennenswerte Schäden überstanden die Sturmflut die neuen Deiche des Hauke-Haien- und des Friedrich-Wilhelm-Lübke-Kooges. Ebenso sind die nach 1953 auf etwa 280 km Deichlänge vorgenommenen Deichverstärkungen und -erhöhungen von entscheidendem Einfluß auf das Ausmaß der Schäden — auf die gesamte Küste bezogen — gewesen. Diese Deichstrecken nämlich haben im wesentlichen dem Sturm standgehalten. Die schwersten Schäden wurden an denjenigen Deichen festgestellt, die frontal dem Nordweststurm ausgesetzt waren:
Deichbrüche gab es im Dockkoog bei Husum an zwei Stellen mit je etwa 60 m Länge, so daß der Koog überflutet wurde, und im Uelvesbüller Koog, dessen Deich an einer Stelle brach, wie auch am unbewohnten Sommerkoog des Norder-Friedrichs-Kooges. Der Finkhaushalligkoog, der Simonsberger Koog, deren Deiche zwar nicht durchbrachen, aber schwerste Schäden an der Außen- und Innenböschung erlitten, so daß das Wasser in die Köge strömen konnte, mußten geräumt werden.
Der Norderheverkoog, der Westerheverkoog und der Tümlauer Koog an der Nordwestküste Eiderstedts wiesen gleichfalls schwere Schäden auf. Ebenso erfolgten Einbrüche der Innenböschung (sogenannte Kammstürze). Die Außeneiderdeiche Norderdithmarschens bis zum Wesselburenkoog sind

ebenfalls äußerst stark in Mitleidenschaft gezogen. Das gleiche trifft für den Deich bei Büsum zu.

Der im Nordteil der Meldorfer Bucht gelegene Christianskoog mußte geräumt werden, weil auch sein Außendeich zu durchbrechen drohte. Auch die übrigen Deiche Süderdithmarschens, insbesondere der Friedrichs-, der Dieksander und der Kaiser-Wilhelm-Koog, sind auf das schwerste beschädigt. Die Schäden an der Außenböschung erstrecken sich auf die gesamte Länge der Seedeiche. Die Löcher erreichten Größen bis zu mehreren hundert Quadratmetern, die Einbrüche reichen häufig weit in die Deichkrone hinein.

Die Elbdeiche der Wilstermarsch, der Krempermarsch, der Seestermüher und der Haseldorfer Marsch haben keine sehr beträchtlichen Schäden erlitten. Durch den Hochwasserrückstau in die Stör, die Krückau und die Pinnau hinein sind jedoch die Seedeiche entlang dieser Flüsse an verschiedenen Stellen sehr stark angegriffen worden. Unter anderem ist der Deich der Münsterdorfer Marsch bei Itzehoe gebrochen, das Wasser ist in den Koog eingedrungen und hat die Bahnlinie Hamburg—Itzehoe unterbrochen. Der Bahnverkehr wird zur Zeit noch über Wrist umgeleitet. Die weiter vordringenden Wassermassen sind rückwärts in die Wilstermarsch eingeflossen. Hier wird daran gearbeitet, den weiteren Zufluß zu unterbinden. Die zahlreichen Schöpfwerke arbeiten ununterbrochen mit höchster Leistung an der Bewältigung des eingedrungenen Wassers.

Nach vier mittelschweren Sturmfluten dieses Jahres, die die Dünenlinie der Westküste Sylts schon in großem Umfange beschädigt hatten, fügte die jetzige katastrophale Flut der Insel weitere schwere Schäden zu. Die Dünenkette wurde an vielen Stellen wiederum um mehrere Meter (bis zu 10 m) abgerissen. Schwerste Brecher schütteten ihr Wasser über die Küstenschutzanlagen in die tiefer liegende Stadt. Der Hindenburg-Damm hat Schäden erlitten.

Auf der Insel Föhr weist der Seedeich an der Nordwestecke, die noch nicht verstärkt werden konnte, sehr schwere Schäden auf. Ebenso drang das Wasser in die ungenügend geschützten Teile der Stadt Wyk und einiger anderer Orte an der Südküste Föhrs ein.

Die zwei kleineren Seedeiche der Insel Amrum (bei Norddorf und Wittdün) sind durchbrochen.

Die Halligen haben ebenfalls schwerste Schäden davongetragen. Das Wasser ist in alle Häuser auf den Warften eingedrungen. Ihre Bewohner haben häufig in Dachgeschossen, teilweise sogar auf den Dächern Zuflucht suchen müssen.

Die großen Marschinseln Pellworm und Nordstrand haben dank der dort fast abgeschlossenen Seedeichverstärkungsarbeiten die schwere Katastrophe relativ gut überstanden. Auf der Insel Nordstrand ist lediglich der seit je besonders exponierte Trendermarschkoog in Mitleidenschaft gezogen. Der Damm nach Nordstrand zeigt an der Nordseite mehrere starke Einbrüche bis in die Straßendecke. Er mußte zunächst gesperrt werden.

Nach der „großen Überraschungsflut“ kehrte der Winter noch einmal wieder zurück. Der Schnee deckte alle Schäden zu – und hinter den Deichen lag wieder alles scheinbar ruhig und friedlich. Dennoch: Schon eine Sturmflut von nur 1,50 m über NN hätte wegen der schwer angeschlagenen Deiche in diesem Falle genügt, neuen Katastrophenalarm auszulösen. Das gleiche Bild sollte sich 1976 ergeben . . .

Der 3. und der 21. Januar 1976

3. Januar 1976. Wieder war es ein Sonnabend, wie vor 14 Jahren. Damals kam das Wasser nachts — diesmal am Mittag. Nur die unmittelbar Zuständigen merkten schon am frühen Morgen, daß sich eine neue verheerende Sturmflut anbahnte: das gegen sechs Uhr fällige Niedrigwasser blieb nur 70 Zentimeter unter dem für diesen Tag vorausberechneten Normalhochwasser. Dennoch ahnte zu diesem Zeitpunkt niemand, daß rund sechs Stunden später die deutsche Nordseeküste die höchsten Wasserstände erleben sollte, die jemals gemessen worden sind.

Die Wetterlage war fast dieselbe wie in der Sturmflutnacht vom 16. auf den 17. Februar 1962. Von Island aus wanderte ein Sturmtief südostwärts auf das Baltikum zu, einen Wasserberg vor sich herschiebend, der am Vormittag des 3. Januar in der Deutschen Bucht fast fünf Meter Höhe erreichte. Der Sturm wuchs im Laufe des Vormittags auf die Stärke 14 an, auf Sylt wurde eine Windgeschwindigkeit von 170 Kilometer in der Stunde gemessen — übrigens keinesfalls das bisher höchste Ergebnis. Dort sind auch schon Orkangeschwindigkeiten registriert worden, die noch zehn Kilometer höher lagen. Wären sie auch diesmal eingetreten, so wäre das Wasser sogar noch höher aufgelaufen.

Etwa seit 7 Uhr hatte man auch im Deutschen Hydrographischen Institut in Hamburg Gewißheit, was geschehen würde. Von diesem Augenblick an gingen pausenlos Warnmeldungen an die Katastrophenschutzstäbe, aber auch an die Bevölkerung über den Rundfunk hinaus. Ob im Hamburger Rathaus, ob im Husumer Kreishaus, ob ganz dicht an der Front unmittelbar am Wasser: vielen steckten noch die bitteren Erfahrungen von 1962 in den Knochen, und so kann man eines sagen: so überraschend wie 1962 konnte die Sturmflut vom 3. Januar 1976 die Menschen nicht überfallen. Doch auch die Erfahrungen von damals hatten, wie man bald merkte, noch nicht für ein optimales Warnsystem gesorgt. Für viele Hamburger Betriebe in Hafennähe kamen die Warnungen zu spät, so daß große Sachwerte verlorengingen. Auf dem Höhepunkt der kritischen Situation in Hamburg riß die Kabelverbindung zum Pegel Cuxhaven ab. Auch an der deutsch-dänischen Grenze offenbarte sich ein Loch in der Katastrophenabwehr, denn die Zusammenarbeit beider Staaten über die Grenze hinweg läßt noch manches zu wünschen übrig.

Um 9.30 Uhr wurde in Husum Voralarm ausgelöst. Nachdem am Husumer Pegel der Wasserstand 2,50 Meter über Mitteltidehochwasser zeigte, wurde gegen 11.30 Uhr Vollalarm gegeben. Eine halbe Stunde später schlugen auf der Hallig Oland die ersten Wogen über den Ringdeich und um die Warften. Wieder eine halbe Stunde später standen alle Häuser Olands bis auf eins unter Wasser, das neue Gemeindehaus sogar 1,20 Meter. In Hamburg kletterte der Wasserstand noch 75 Zentimeter höher als 1962. Auf den Halligen hatten die Bewohner noch nie so hohe Wasserstände gesehen. Diesmal brauchten die Menschen auf den Halligen nur noch in einigen Häusern Schutz auf dem schwankenden Dachboden zu suchen. Die meisten Hallighäuser wurden nach 1962 mit einem auf tief in die Erde gerammten Betonpfählen ruhenden Schutzraum im ersten Stock versehen, der, äußerlich nicht besonders erkennbar, im Hausinneren liegt. Aber die Tiere können nicht mit — sie brüllen und blöken in den Ställen, bis zum Hals im Wasser.

Immer noch stieg und stieg das Wasser. In Husum wurde um 13.40 Uhr der höchste Wasserstand mit 10,66 Meter gemessen, das sind 4,12 Meter über normalem Hochwasser. 1962 waren es dort 10,21 Meter gewesen, 3,67 Meter über Normal.

Und das ist eine Kurzfassung der Ereignisse des Vormittags, wie sie die „Husumer Nachrichten" am Montag unter der Überschrift „Nordfriesland am Rande einer Katastrophe" meldeten:

Hiobsbotschaften häufen sich

Nach 12 Uhr häufen sich die Hiobsbotschaften vor allem aus dem südlichen Eiderstedt, die Wogen schwappen über die Deiche. Grothusenkoog und Westerheverkoog sind in akuter Gefahr. Wieder ist es vielerorts wie 1962: die Deiche werden durch überrollende Wogen von hinten aufgeweicht, die Innenböschungen beginnen zu rutschen, der Bruch der Deiche droht. Hilflos im Grunde — denn während einer solchen Sturmflut ist so gut wie nichts an den Deichen zu machen — sehen die Männer des Marschenbauamts und der Feuerwehren, des Technischen Hilfswerks und hier und da auch schon erster Bundeswehreinheiten und Bereitschaftspolizei sowie Grenzschutz die Katastrophe kommen. Genauso ist die Lage an den Deichen Nordstrands, besonders im Elisabeth-Sophien-Koog. Nördlich des Straßendammes nach der Insel gerät der Deich der Hattstedter Marsch in immer größere Gefahr. Da er nach der bevorstehenden Eindeichung der Nordstrander Bucht nur noch zweite Deichlinie sein wird, hatte man für ihn seit 1962 nicht so viel Geld ausgegeben wie für andere Deiche. Bricht er jetzt, werden riesige Flächen bis hin zur Stadt Bredstedt unter Wasser laufen. Derweil steigt auf Nordstrand das Hochwasser über den Pegelstand, der noch meßbar ist.

Dabei hatten die Deichschauen im Herbst einen besonders guten Zustand der Deiche als Folge des einmalig schönen und trockenen Sommers ergeben. Die Decke aus dichter Kleierde war fest und gut, es hatte auch unmittelbar vorher wenig geregnet, teilweise kräftig gefroren. Die nordfriesischen Deiche sind ohnehin meist besser als die in Dithmarschen, weil es südlich der Eider nicht so dichten Kleiboden gibt und dort das Deichmaterial sandiger ist. Vielleicht erklärt diese Tatsache zumindest zum Teil, daß es dort diesmal zu Deichbrüchen kam, nicht aber in Nordfriesland.

Im Grothusenkoog in Eiderstedt, im Elisabeth-Sophien-Koog auf Nordstrand und im Dreieckskoog in der Nähe des Hindenburgdammes nach Sylt entstehen so große Gefahren, daß sich die Katastrophenschutzleitung zur Evakuierung entschließt. Aber — wie auch in der Haseldorfer Marsch

Wie sich die rechte Hälfte dieses Fotos und das Werk des Malers auf der Titelseite dieses Büchleins gleichen! Das Wasser überströmt den Deich des Elisabeth-Sophien-Kooges auf Nordstrand am 3. Januar 1976.

Kurze Zeit nach der Sturmflut auf Hooge. Einsam ragen die Warften aus dem Wasser, unter dem die Hallig völlig verschwunden ist.

und im Kehdinger Land: viele Menschen wollen nicht weg von Haus und Hof und vor allem von ihrem Vieh.
Schwer angeschlagen wird auch der Hindenburgdamm. Der Zugverkehr wird eingestellt und kann erst am Sonntagmorgen — für viele Tage nur eingleisig — wieder aufgenommen werden. Auf Sylt reißt der „Blanke Hans" am Roten Kliff wieder einmal zehn Meter weg. Auf Föhr brechen vom Gotingkliff rund fünf Meter ab. Pellworm wird relativ verschont, aber alle Halligen stehen so hoch wie noch nie unter Wasser. Ein Kuriosum am Rand: weil er nicht von Sylt weg kann, moderiert am nächsten Sonntagmorgen Werner Höfer seinen berühmten „Frühschoppen" in Rundfunk und Fernsehen über das Telefon.

Haseldorfer Marsch schwer betroffen

Aus Radio und Fernsehen erfahren die Menschen in Nordfriesland, daß der Orkan südlich weit Schlimmeres anrichtete. Am schwersten betroffen wird die Haseldorfer Marsch im Kreis Pinneberg, wo der Deich gleich an mehreren Stellen bricht und an die 80 Menschen in große Gefahr geraten. Das Wasser überflutet eine Fläche von 40 Quadratkilometern. Auf einer Länge von 400 Metern hat es den viel zu niedrigen Deich überspült.
In Dithmarschen durchbricht das Wasser auf einer Länge von 30 Metern den Deich des Christianskooges. Hals über Kopf, müssen die Bewohner den Koog verlassen. Auch in den Augustenkoog dringt der „Blanke Hans" ein.
Auch auf dem anderen Elbufer richtet die Sturmflut eine Katastrophe an. In der Nähe Stades fliehen Hunderte von Menschen mit ihren Viehkarawanen vor dem durch zahlreiche Deichbrüche rauschenden Wasser. Allein bei Nordkehdingen bricht der Deich an zehn Stellen, die Vordeichung war nicht fertiggeworden, rund 5000 Hektar überfluten. Bei Drochtersen überspült das Wasser, das durch die Deichbruchstellen strömt, 4000 Hektar. Schweine, Schafe, die nicht mehr rechtzeitig aus Ställen und von den Weiden getrieben werden können, ersaufen elendiglich. Doch auch hier: alle Menschen können rechtzeitig in Sicherheit gebracht werden. Bei Stade wird der Höchstwasserstand von 1962 um 60 Zentimeter überschritten.

Hafenviertel unter Wasser

Aus Hamburg kommen ebenfalls Hiobsbotschaften. Wieder, wie 1962, stehen die Hafenviertel unter Wasser. Aber hier, wo 1962 in erster Linie als Folge der Überraschung 315 Menschen ertranken, war man diesmal besser gerüstet. Zwar entstehen in rund 300 betroffenen Firmen in der Hafenstraße schwere Schäden, aber Menschenleben sind dort ebenso wenig zu beklagen wie etwa im Flüchtlingslager Neßpriel in Finkenwerder, wo 623 Personen obdachlos werden. Mit 6,45 Meter über Normal ist das Wasser so hoch wie nie zuvor.
Im benachbarten Dänemark entstehen durch große Deichschäden unmittelbar nördlich der Grenze Gefahren für rund 75 000 Menschen in der Niederung um die Stadt Tondern. In aller Eile werden Evakuierungsbefehle entworfen. Zwischen dem Hindenburgdamm auf südlicher deutscher und dem Emmerleffkliff auf dänischer Seite gibt es nur eine, noch dazu bisher kaum verstärkte Deichlinie. Bricht sie,

So sah es im Hamburger Stadtteil Wilhelmsburg aus. Bis zur Lenkradnabe steht der Volkswagen unter Wasser.

Weit war das Wasser in das Kehdinger Land eingedrungen.

ist die Riesenkatastrophe da, werden 11 000 Hektar unter Wasser laufen. Zu allem Überfluß knickt der Orkan in Dänemark auch zahlreiche Strom-Überlandleitungen. Mindestens 100 000 Menschen sind ohne Stromversorgung. Auf einigen Halligen gehen ebenfalls die Lichter aus: auf Gröde säuft das Stromaggregat ab, woanders sorgen Kurzschlüsse für einen Zusammenbruch der Elektrizitätsversorgung. Die Ölheizungen verlöschen, es wird bitter kalt. Sturm und Wasser entwickeln ungeheure Kräfte. Auf Nordstrandischmoor wird in einem Haus eine Fensterscheibe vom Wasser eingedrückt, Mauern stürzen ein, das aufgepeitschte Wasser rollt tonnenschwere Mauerbrocken wie Spielzeug über die Warften.

Auch auf dem Wasser spielen sich dramatische Ereignisse ab. Auf Nordstrand sinkt der einzige dort beheimatete Kutter im Hafen Strucklahnungshörn. Die Versuche des Seenotrettungsbootes „Hindenburg", dort ein losgerissenes Ausflugschiff zu bergen, bringen unter großen Mühen Erfolg. Im dänischen Hafen Havneby sinken sechs Krabbenkutter aus Tönning. Hubschrauber der Bundeswehr aus Westerland und Niedersachsen retten die 16köpfige Besatzung eines griechischen Frachters aus der Elbmündung. Der Seenotrettungskreuzer „H. J. Kratschke" aus List auf Sylt rettet vor Havneby viele Seeleute, die auf 19 Schiffen in Seenot geraten sind. Die Seenotfunkstelle auf der Hallig Südfall wird vom Orkan zerschlagen.

Auf dem Festland Nordfrieslands richtet der Sturm ebenfalls beträchtlichen Schaden an. Allein in der Stadt Husum entstehen, wie später festgestellt wird, Gebäudeschäden für eine halbe Million Mark. Der Kirchturm in Hattstedt, jahrhundertaltes Seezeichen, wird so schwer beschädigt, daß nach einigen Tagen sein Helm heruntergerissen werden muß. In Dänemark allein zersplittern 40 000 Festmeter Holz, in Schleswig-Holstein, so ergibt sich später, sogar 200 000 Festmeter, meist über 50 Jahre alte Fichten. 1962 waren es bereits 520 000 Festmeter gewesen, das Sturmjahr 1967 ließ weitere 360 000 Festmeter fallen, und daß es diesmal so viel weniger sind, liegt nur daran, daß die Bestände an alten Bäumen längst dadurch stark gelichtet sind.

Am 3. Januar 1976 wiederholt sich ein Glücksumstand, wie er auch am 16. Februar 1962 aufgetreten war: Etwa eineinhalb Stunden vor dem regulären Tidehochwasser läßt der Sturm plötzlich nach. Die Menschen von der Elbe bis nach Esbjerg in Dänemark atmen auf.

Schon wieder Alarm

Doch das dauert nicht lange. Noch während am Montag die Behörden und vor allem auch die Versicherungen einen ersten Schadenüberblick versuchen und erklären, die schwer angeschlagenen Deiche hielten auf keinen Fall einer neuen Sturmflut stand, kommt für Montag schon wieder Alarm. Schon kurz nach zwölf Uhr peitscht ein neuer Orkan, mehr als drei Stunden vor Hochwasser, die ersten Brecher über die Uferbefestigungen von Sylt. Doch der Orkan läßt nach. Zwar werden in Husum die vorausgesagten mindestens zwei Meter über Normal erreicht, aber die Dithmarscher Küste bleibt weitgehend verschont. Die Katastrophengebiete an der Unterelbe leiden erneut schwer, obwohl der Hochwasserstand nur 1,60 Meter über Normal erreicht. In Jütland kämpfen

ganze Armeen gegen eine Folge des Orkans. Ein schwerer Schneesturm hatte am Wochenende den Verkehr zusammenbrechen lassen.
In den nächsten Tagen wird überall fieberhaft gearbeitet. Es hatte sich gezeigt, daß fast alle nach der Sturmflut von 1962 noch nicht erhöhten Deiche überströmt worden waren. Das waren allein in Nordfriesland rund 100 Kilometer. Die neu profilierten und erhöhten Deiche hatten dagegen ebenso wie die Sperrwerke an Eider, Krückau und Pinnau ihre Bewährungsprobe bestanden. Nur für den Kreis Nordfriesland kosten die Schnell-Reparaturen an den Deichen zweieinhalb Millionen Mark. 250 000 Sandsäcke werden bewegt, 50 000 Pfähle in die Deiche geschlagen, um sie zu halten.
In Nordfriesland gelingt es dem massierten Einsatz von allen Fachleuten und allein über tausend Soldaten, innerhalb von rund vierzehn Tagen die ärgsten Schäden notdürftig zu flicken. Vor allem in den überschwemmten Gebieten an der Unterelbe sieht es viel böser aus. Helfer versorgen dort die vielen Menschen, die zögernd in ihre überschwemmten Häuser in der Haseldorfer Marsch zurückgekehrt sind, mit täglich 2000 Portionen Essen. Eine Zeitung vergißt nicht zu berichten, daß zu den Aufgaben für die Pioniere, die die von Wasser umschlossenen Familien betreuen, auch das Bringen der „Pille“ gehört.

Erster Schadensüberblick

Am 6. Januar meldet ein erster Schadenüberblick der schleswig-holsteinischen Landesregierung Schäden allein an den Küstenschutzwerken von rund 50 Millionen Mark. Niedersachsen hat 22 Millionen errechnet, Hamburg acht Millionen. In Dänemark sind es 8,5 Millionen. Über zwanzig Deichbrüche sind an der deutschen Nordseeküste gemeldet. 82 Tote hat der Orkan in ganz Mitteleuropa gefordert, davon 16 in der Bundesrepublik und vier in Dänemark. Diesmal ist aber an der Küste niemand ertrunken. Die Versicherungen schätzen die privaten Schäden auf 470 Millionen Mark. Der Kreis Nordfriesland allein meldet Sturmflutschäden an Gebäuden von drei Millionen Mark, Hausratsschäden von rund einer Million, Schäden an kommunalen Einrichtungen von eineinhalb Millionen. In diesen Summen sind Schäden in gewerblichen Betrieben und an landwirtschaftlichen Betriebsgebäuden noch nicht einmal enthalten. Die Schäden an den Küstenschutzanlagen von der Eider bis zur Grenze mit Dänemark betragen weit mehr: 17 Millionen Mark.

Neue, schwere Sturmflut

Da geschieht nur 17 Tage später etwas, was man in den letzten Generationen noch nicht erlebt hat. Die Küste wird von einer neuen, schweren Sturmflut heimgesucht, diesmal nachts. Die ersten Alarmnachrichten kommen am Dienstag, 20. Januar, abends um halb acht: 4,50 Meter über Normalhochwasser werden vorausgesagt. Noch haben sich die Kämpfer nicht von den Strapazen der ersten Sturmflut erholt, da werden sie wieder auf die Deiche gerufen.
Das Wasser trifft wieder einmal am schwersten die Inseln und Halligen. Viele Menschen dort, die erst tagelang mühselig den Schlamm aus ihren Häusern geschafft hatten, sind am Ende ihrer physischen, aber auch ihrer psy-

chischen Kraft. Um 0.30 Uhr löst der Katastrophenstab in Husum Vollalarm aus. Kurz darauf merkt man zwar, daß das Wasser nicht ganz so hoch auflaufen wird, wie befürchtet — aber nur auf dem Festland bleibt es darunter. Seltsamerweise steht es auf einigen Halligen noch höher als am 3. Januar, obwohl am Pegel Husum 78 Zentimeter weniger als vor 17 Tagen und 33 Zentimeter weniger als 1962 gemessen werden. Der Katastrophenstab ordnet die Evakuierung des Grothusenkooges in Eiderstedt an — doch die 25 Einwohner bleiben lieber bei ihrem Vieh. Bei Westerhever geraten drei Feuerwehrmänner in Gefahr: Sie werden vom Deich ins Wasser geblasen, können sich aber retten.

Viele Hallighäuser stehen wieder unter Wasser, auf Nordstrandischmoor wird die Nordwand des Hauses von Heinrich Hinz eingedrückt. Die Hattstedter Marsch ist erneut schwer gefährdet. Auf Föhr und Amrum werden 20 Zentimeter mehr Wasser gemessen als vor 17 Tagen, Gefahren für die Wyker Strandmauer, Landabbrüche am Südstrand, aber die Vorspülungen bewähren sich wie am 3. Januar. Große neue Schäden auf Amrum. Bei Steenodde geraten zehn Häuser durch einen bevorstehenden Dünendurchbruch, der dann aber doch ausbleibt, in Gefahr.

Auf Sylt gehen bei List wieder vier Meter vom Kliff verloren. Die Strandhalle steht nun nur noch 30 Meter von der Abbruchkante entfernt. Auch der Pegel Hörnum meldet höheres Wasser als am 3. Januar. Wieder große Gefahren für den Grenzbereich nördlich des Hindenburgdammes. Die Dänen evakuieren den neuen Friedrichskoog bei Hoyer und den Rutebüllkoog, 500 kranke und alte Leute werden aus Tondern fortgebracht, für die 7500 Einwohner wird wieder die Evakuierung angeordnet, auf dem Bahnhof steht ein langer Zug bereit.

Gegen 5 Uhr, etwa eine halbe Stunde nach dem normalen Hochwasserzeitpunkt, weiß man auf deutscher wie auf dänischer Seite, daß man noch einmal davongekommen ist. Der Wind war nicht so stark wie am 3. Januar. Zwar hatte er wieder tagelang große Wassermassen aufgestaut, aber die stärksten Orkan-Böen waren zur Zeit des Niedrigwassers „durchgegangen".

In Hamburg wurden mit 3,80 Meter 80 Zentimeter weniger als am 3. Januar gemessen. Im Kehdinger Land gab es wieder einen Deichbruch bei Dornbusch, allerdings hielten sich die Folgen in Grenzen. In Büsum wurden 3,25 Meter über Normal gemessen.

Als die Flut 1976 wiederkam

waren bereits viele der Negativposten aus der Bilanz von 1962 gestrichen. Dennoch waren neue aufgetaucht, die es nun in den nächsten Jahren zu beseitigen gilt. Nach der „Großen Flut von 1962" hatte es so ausgesehen:
Von den rund 500 Kilometer Seedeichen der Festlandküste im Westen Schleswig-Holsteins und den rund 70 Kilometer Deichen auf den Nordfriesischen Inseln waren 70 so stark zerstört, daß sie neu gebaut werden mußten. Weitere 80 Kilometer waren erheblich beschädigt. 120 Kilometer Deiche wiesen Mängel auf. Vor allem die Grasnarbe war zerstört. Immerhin aber waren 290 Kilometer Deich, also mehr als die Hälfte, im wesentlichen unversehrt geblieben. Das war die erfreuliche Folge der großen Anstrengungen, die Schleswig-Holstein und die Bundesrepublik gemeinsam nach der Holland-Sturmflut vom 1. Februar 1953 unternommen hatten. Außer an den Deichen waren allerdings auch teilweise beträchtliche Schäden an den Dünen der sandigen Inseln und an vielen Warften der Halligen entstanden, auf denen dort die Häuser stehen.
Der Wiederaufbau begann praktisch am Tag nach der Sturmflut, natürlich zuerst als Provisorium. Die Wissenschaftler begannen sofort, die neuen Erfahrungen auszuwerten. Vor allem hatte sich zweierlei gezeigt: Die Böschungsneigung der alten Deiche zur See hin war zu steil. Dort, wo man einen viel breiteren Deichfuß und viel geringere Neigung beim Neubau gewählt hatte, wie zum Beispiel am neuen Hauke-Haien-Koog, waren die Schäden am geringsten geblieben. Die zu steilen Deiche waren teilweise nicht von vorn, sondern durch die überschlagenden Wogen von hinten zerstört worden.
Aber man begann auch neu zu berechnen, mit welchen Höchstwasserständen man kalkulieren muß. Die nach der Holland-Flut angenommenen Höchstwerte waren an vielen Stellen übertroffen worden. Diese Überprüfung war schon deshalb dringend notwendig, weil, wie sich bald erwies, die Februar-Sturmflut keine ungewöhnliche meteorologische Lage dargestellt hatte und durchaus noch schlimmer möglich war. Die Ermittlungen ergaben, daß man für die Kreise Nordfriesland und Dithmarschen, die unmittelbar der offenen See ausgesetzt sind, einen Wellenauflauf von etwa 2,70 Meter über dem maßgeblichen Sturmflutwasserstand erwarten mußte. Außerdem rechnete man noch ein Sicherheits- und Sackmaß von 0,50 Meter hinzu. Aber auch nach diesen mit modernsten Methoden errechneten Ergebnissen blieb eines klar: Eine absolute Sicherheit ist nicht erreichbar. Es ist nicht möglich, Vorausberechnungen über die denkbare höchste Sturmflut zu machen. Der dann im kommenden Jahr, nämlich 1963, von der Landesregierung vorgelegte „Generalplan

Sofort nach der Katastrophe von 1962 begann der Wiederaufbau der Deiche. Querschnitt und Arbeitsplan eines neuen Seedeiches zeigen deutlich das neue Profil. Die Bilder rechts zeigen ebenfalls die neue Profilierung, oben die Seeseite, unten die Landseite.

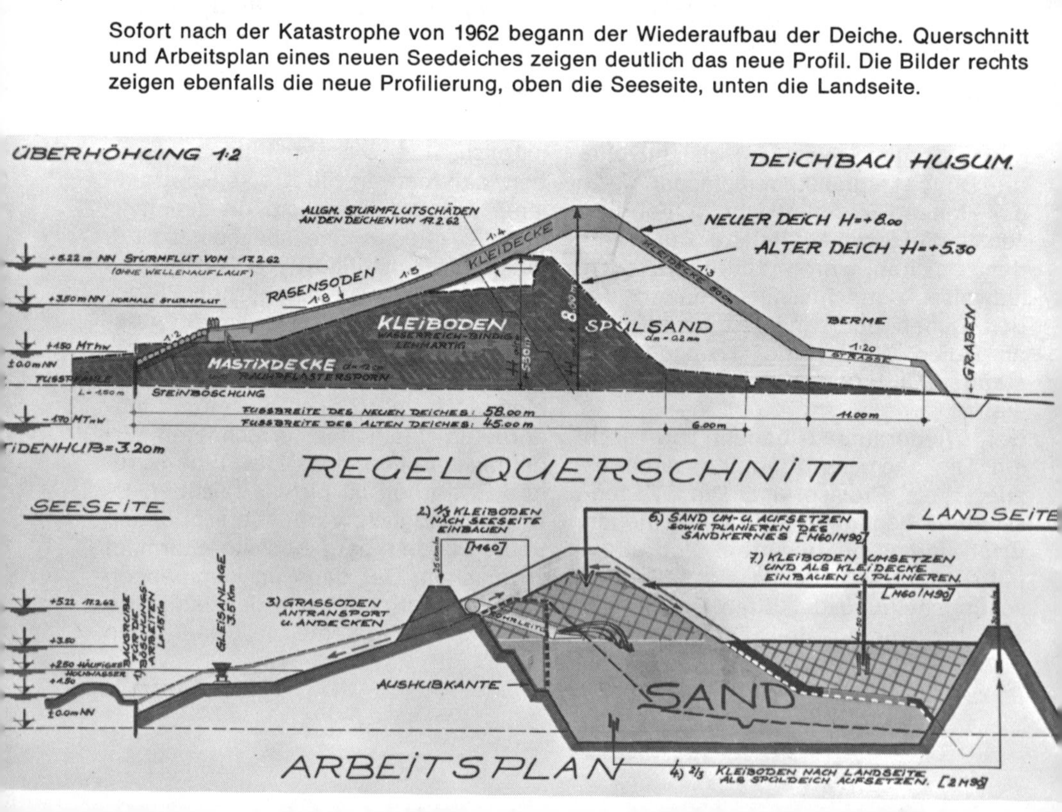

Der zerstörte Deich wurde nach innen versetzt, die sich bildende Mulde mit Hilfe eines riesigen Saugbaggers mit Sand zum Sandkern aufgespült.

Deichverstärkung, Deichverkürzung und Küstenschutz in Schleswig-Holstein" drückte es lapidar so aus: „Wer hinter dem Deich lebt und schafft, wird auch in aller Zukunft damit rechnen müssen, daß das Meer Gefahren birgt." Immerhin wußte man jetzt, daß etwa an der Nordküste Eiderstedts ein nach menschlichem Ermessen sicherer Deich eine Kronenhöhe von 8,80 Meter über „Normalnull" haben muß.

Der Generalplan faßte zusammen, was nötig ist:

1. Eine Verkürzung der Deichlinie des Festlandes von bisher 500 Kilometer auf rund 290 Kilometer. Dafür mußten 78,5 Kilometer Deich neu gebaut werden. Die meisten dieser Maßnahmen sind inzwischen verwirklicht. Die weitaus teuerste war die Abdämmung der Eider. Sie verkürzte allein die Deichlinie um rund 60 Kilometer (das waren Schutzdeiche an beiden Seiten der Eidermündung). Abgedämmt wurden auch die Flüsse Krückau, Pinnau und Stör. Die Meldorfer Bucht wurde eingedeicht, und ein weiteres großes Deichverkürzungsprojekt, die Eindeichung der Nordstrander Bucht nördlich des Straßendammes nach Nordstrand, ist vorgesehen.

2. Die Erhöhung der Deiche und die neue Profilierung. Nach der Flut von 1962 hatte sich gezeigt, daß nur 60 Kilometer der Westküstendeiche den neuen Erkenntnissen entsprachen. Rund 220 Kilometer Deich an der Küste und auf den Inseln mußten erhöht, verstärkt und neu profiliert werden.

3. Der Bau von 260 Kilometer Straßen hinter den Deichen, sogenannten „Deichverteidigungswegen", über die im Alarmfall die Fahrzeuge schnell herangeführt werden können, denn das Fehlen solcher Wege hatte sich bei der Sturmflut von 1962 zum Teil recht unangenehm ausgewirkt.

4. Maßnahmen an den Inseln und Halligen. Auf den Halligen wurde zwar schon seit 1953 in einem Sanierungsprogramm umfangreiche Vorsorge für Sturmfluten getroffen, aber die Pläne wurden überprüft und erweitert. Die Halligen zu sichern, kostet sehr viel Geld, aber es ist volkswirtschaftlich richtig ausgegeben, weil die Halligen als Wellenbrecher dem Schutz der Festlandküste dienen. Nur die unbefestigte Hallig Norderoog ist aus diesem Programm ausgenommen.

5. Der Bau eines Dammes vom Festland nach der Insel Pellworm. Er ist nicht etwa deswegen nötig, um auch auf diese Insel die Autos noch schneller und zahlreicher als bisher zu bringen, sondern um den Inselsockel zu sichern. Dort hat der Tidestrom große Ausräumungen bewirkt. Ob allerdings ein solcher Damm die Insel wirklich sichern kann, ist nach der jüngsten Diskussion unter den Fachleuten nicht völlig sicher. Berechnungen und Versuche laufen.

Schon vor den neuen beiden Sturmfluten vom Januar 1976 stand fest, daß der „Generalplan" in jenen 15 Jahren, die vorgesehen waren, nicht zu erfüllen war. Die drei Küstenländer Schleswig-Holstein, Hamburg und Niedersachsen hatten nach der Flut von 1962 Küstenschutzmaßnahmen für zusammen 3,5 Milliarden DM vorgesehen, von denen aus der Bundeskasse Zweidrittel kommen sollten. Hamburg hatte bis zum Januar 1976 für rund 650 Millionen DM einen großen Teil seiner Vorhaben erledigen können. In Schleswig-Holstein hatte man zwar eine höhere Summe, nämlich 932 Millionen DM verbaut, aber damit erst rund Zweidrittel der nötigen Maßnahmen

Zur Sicherung des Deichfußes werden Pfähle eingerammt, sie sollen ein Abrutschen des Bodens verhindern.

Mit Hilfe von Loren auf Feldgleisen wird der Kleiboden im unwegsamen Gelände transportiert.

geschafft. Niedersachsen hatte erst gut die Hälfte seiner Vorhaben seit 1962 erledigt, obwohl dies auch 1,1 Milliarden DM gekostet hatte.
Die Sturmfluten des Jahres 1976 erwiesen die Dringlichkeit eines Problems, das bis dahin zunächst nicht auf dem Programm gestanden hatte: An der deutsch-dänischen Grenze nördlich des nach Sylt führenden Hindenburgdammes bis hin zum Emmerleffkliff auf dänischem Gebiet waren neue Sicherungsmaßnahmen nötig, sollte nicht ein Gebiet mit einigen tausend Menschen, vor allem die Stadt Tondern, aufs schwerste gefährdet werden. Schon wenige Tage nach der Sturmflut vom 3. Januar 1976 trafen sich dort der schleswig-holsteinische Ministerpräsident Dr. Stoltenberg und der dänische Verkehrs- und Arbeitsminister Matthiesen. Inzwischen gibt es ein Abkommen zwischen Dänemark und der Bundesrepublik, grenzüberschreitend einen neuen Deich zu bauen. Die Dänen begannen im Frühjahr 1979 mit den Arbeiten, die Deutschen müssen folgen, wenn das Ganze einen Sinn haben soll. Von den 12 Kilometern neuer Deich – hier geht es um den Neubau einer zweiten Deichlinie, ähnlich wie in der Nordstrander Bucht weiter südlich – werden 1,4 auf deutschem Hoheitsgebiet liegen.

Eine völlig neue Situation: Streit mit den Naturschützern

In den letzten Jahren ist aber eine völlig neue, an der Küste nie gekannte und teilweise mit Erbitterung von beiden Seiten geführte Diskussion ausgebrochen: Naturschützer machen schwere Bedenken gegen weitere Eindeichungen des Wattenmeers geltend, besonders Ornithologen und Fischereibiologen sehen ganze Tierarten verschwinden. Aber auch unter den Deichbaufachleuten ist eine neue Dimension im Gespräch: Müssen eigentlich wirklich zur größtmöglichen Sicherung der Menschen immer und überall zwei Deiche vorhanden sein? Die Menschen an der Küste machen ihr Sicherheitsbedürfnis geltend – im Prinzip wird es von niemand bestritten. Aber läßt sich ausreichende Sicherheit nicht auch mit einer einzigen technisch modernen, verstärkten Deichlinie erreichen? Die Vorland- und Wattflächen seien hochproduktive, unersetzliche Kinderstube für viele Fischarten. Es sei sinnlos, etwa durch Speicherbecken hinter den Deichen Ersatz für die Bereiche davor schaffen zu wollen, denn dies sei nicht möglich, sagen die Naturschützer.
Vor allem machen die Naturschutzkräfte geltend, daß in jüngster Zeit mit Hilfe der modernen Technik in einem Tempo neu eingedeicht worden sei, das früher nie erreicht werden konnte. Die Natur habe gar nicht mehr die nötige Zeit, wieder Anlandungen zu schaffen und eingedeichtes Vorland zu ersetzen.
Die Einwände werden auch von Küstenschutzfachleuten inzwischen sehr ernst genommen. Die Eindeichung der Nordstrander Bucht als Sicherungsmaßnahme für die gesamte Hattstedter Marsch ist durch neue Untersuchungen in zeitliche Verzögerung geraten. Die dänischen Behörden haben sich – trotz massiver Angriffe auch der dortigen Naturschützer – in ihrem Zeitplan allerdings nicht stören lassen.

Die Diskussion ist voll im Gange. Sie wird begreiflich aus dem Umstand, daß Natur immer knapper wird, und dennoch ist klar, daß die Sicherheit der an der Küste lebenden Menschen Vorrang haben muß.

Vorlandarbeiten dienen nicht mehr nur zur Neulandgewinnung, sondern sind ein wesentlicher Punkt im Küstenschutz. Manuelle und maschinelle Grüppelarbeiten im Watt südlich des Nordstrander Dammes

Ein Bagger beim Planieren von Kleiboden auf dem Sandkern (Bild links oben). Rasensoden werden geschnitten und auf der Seeseite des Deiches angedeckt (Bild links Mitte).

Das Setzen der Steinböschung geschieht in Handarbeit. Um den richtigen Verbund zu erreichen, bedarf es des Könnens der Steinsetzer (Bild links unten).

Bild unten zeigt einen Wattentrecker mit Grüppenmaschine.

Ein Beispiel für den Wiederaufbau

Was nach der Februarflut von 1962 geschah, mag an einem Beispiel, dem des Dockkooges vor der Stadt Husum, geschildert sein. Der Deich dieses Kooges war in der Sturmnacht auf seiner ganzen Länge überspült worden und brach an zwei Stellen. Schon Tage nach der Sturmflut begann der Wiederaufbau. Zunächst war es nötig, das Ein- und Ausströmen des Wassers durch die Deichbruchstellen im Rhythmus von Ebbe und Flut zu unterbinden. Man dichtete den Deich provisorisch und leitete das Salzwasser durch ein unbeschädigt gebliebenes Siel in die Husumer Fahrrinne.

Noch im zeitigen Frühjahr 1962 begannen die Wiederherstellungs- und Verstärkungsarbeiten. Eine der größten Schwierigkeiten damals war der Mangel an Arbeitskräften. Die Sturmflut hatte Arbeit in Hülle und Fülle für die Fachfirmen hinterlassen. Ein großer Spülbagger saugte Sand für den neuen Deichkern aus dem Watt. Schon bis Jahresschluß 1962 war die nötige Bauhöhe erreicht. Deiche ganz aus dem festen, lehmigen Kleiboden zu bauen, wie die Vorfahren es taten, ist heute unmöglich und auch unnötig. Unmöglich, weil die viel breiteren und höheren Deiche weit größere Erdmengen erfordern, die als Klei nicht ohne weiteres beschaffbar sind. Unnötig, weil sich herausgestellt hat, daß eine Abdeckung mit einem Meter Kleischicht genügt. Mit Hilfe der riesigen Saugbagger lassen sich die Sandkerne sehr schnell aufspülen, denn an diesem Material fehlt es nicht in der Nähe des Meeres. So ist heute ein Deich in der Bausaison eines Jahres fertiggestellt, für den man früher oft eine ganze Generation brauchte.

Mit dem Neubau erhielt der Dockkoogdeich einen anderen Verlauf. Die Deichnase — wo jetzt ein Meerwasserfreischwimmbad liegt — wurde zurückverlegt. Dadurch wurde der Hauptdeich um 500 Meter verkürzt. 1963 wurden die restlichen Arbeiten, vor allem Stein- und Asphaltarbeiten, getan. Schon im Herbst 1962 konnten die Flächen hinter dem Deich wieder landwirtschaftlich genutzt werden.

Was da in zwei Sommern geschehen war, sieht in Zahlen so aus: 365 000 Kubikmeter Sand waren eingespült worden, 125 000 Kubikmeter Kleierde bildeten die feste Decke des Deiches. 43 000 Quadratmeter — das sind 4,3 Hektar oder mehr als 17 Morgen, also ein kleiner Bauernhof — wurden mit Grassoden bedeckt. 85 000 Quadratmeter wurden mit Gras besät. Eine Strecke von 1,4 Kilometern am Deichfuß war mit schweren, meist aus Bornholm herbeigeschafften Steinen und mit Asphalt zu sichern.

Die Dockkoogspitze erhielt nur einen sogenannten Sommerdeich, der lediglich 3,75 Meter über Normalnull liegt. So kommt es, daß die Becken des später dort gebauten Freischwimmbades bei Sturmfluten im Winter schon mehrfach vollgelaufen sind. Wieweit dieser Bau ein Schildbürgerstreich war oder nicht, darüber streiten sich die Fachleute. Es gibt nicht nur Stimmen der Kritik, es gibt auch solche, die sagen, das Ganze sei gar nicht schlimm, denn alle Funktionsräume stehen auf Betonpfählen hoch über dem Hochwasser, und der Effekt für die Badegäste im Sommer, das Freibad direkt an der See genießen zu können, wenn bei Ebbe das Wasser gerade fort ist, wiege die gelegentlichen Überschwemmungen allemal auf. Der neue Seedeich am Dockkoog kostete rund 6,7 Millionen Mark. Davon gab der Bund 4,7 und das Land 2 Millionen. In diesen Kosten ist auch der Bau eines Deichverteidigungsweges enthalten, der zugleich dem Spaziergänger dient.

Wäre dieser neue Deich im Jahre 1974 gebaut worden, so wäre man mit diesem Geld nicht ausgekommen, denn nun kostete ein Kilometer neuer Deich im Durchschnitt 4,6 Millionen Mark, und ein Kilometer Deichverstärkung mit Deckwerk am Fuß erforderte die Hälfte dieser Summe.

Zu Anfang des Jahres 1976 waren die Festlanddeiche im Kreise Nordfriesland rund 132 Kilometer lang. Rund 5,5 Kilometer — vor Schobüll und vor Sankt Peter-Ording gelegen — kommen als Dünen- und Geeststrecke, die auf natürliche Weise ansteigt, hinzu. Man glaubt es kaum, aber die Gesamtstrecke der Küsten auf den Inseln und Halligen Nordfrieslands, die ebenfalls zu schützen ist, übertrifft die Festlandküste bei weitem: sie ist mit 285 Kilometer doppelt so lang. Allein Sylt hat eine 105 Kilometer lange Küste, rund um die Insel gerechnet. Allerdings sind von diesen Insel- und Halligküsten nur rund 138 Kilometer mit Deichen gesichert, davon auf Nordstrand 28, auf Pellworm 25 und auf Föhr rund 24 Kilometer. Es folgen Sylt mit 22 und Langeneß mit 18 Kilometer.

1962 war praktisch an jedem Kilometer Deich etwas auszubessern. 1976 sah es nicht so schlimm aus. Bis auf die noch nicht ausreichend verstärkten Deiche vor allem an der Eidermündung, bei Westerhever und einigen Stellen im Norden Nordfrieslands und auf den Inseln hielten sich die Schäden in Grenzen. Nach 1962 waren außer am Dockkoog weitere große Baustellen entstanden: Der Finkhauskoog südlich Husums erhielt einen praktisch neuen Deich, auch im Tümlauer Koog entstand fast ein Neubau, eine große Deichverkürzungsmaßnahme sicherte den Norderheverkoog, eine der größten Vorhaben wurde der Neubau der Mole bei Dagebüll.

Auf den Halligen wurde das Sanierungsprogramm nach 1962 besonders schnell und zielstrebig durchgeführt. Nach den Januarfluten von 1976 aber zeigte sich, daß hier noch viel getan werden muß, denn immer noch sind viele Warften zu steil und zu niedrig. Vor allem müssen die Häuser mit wasserdichten Schotten für Türen und Fenster versehen werden. Die wichtigste Maßnahme für die Sicherheit der Menschen vor Sturmfluten aber war der 1969 abgeschlossene Bau von 65 Schutz- oder Fluchträumen, Betonkabinen auf tief eingerammten Betonpfählen, denen man ihre Bestimmung äußerlich nicht ansieht. Mancher Feriengast auf der Hallig wohnt heute im Sommer, ohne es zu ahnen, in einem solchen Zimmer. Auf Amrum galten die Arbeiten vor allem dem Dünenschutz, auf Föhr waren Deich- und Dünenarbeiten nötig. Ein besonderes Problem für den Küstenschutz aber stellt die Insel Sylt dar, die auf rund 37 Kilometer ständig im Westen von der See berannt wird. Geologen glauben, daß im Durchschnitt jährlich ein Meter von der See weggerissen wird. Mit Buhnen und 6 Tonnen schweren „Tetrapoden" aus Beton, vierzackigen Riesensternen gleich, versuchte man die Wellen zu brechen. Nach umfangreichen Untersuchungen der Sandwanderung mit Hilfe von Radioaktivität kam man zu dem Ergebnis, daß der Bau fester Deckwerke vor allem in der

Mitte der Insel die Strandverhältnisse völlig verändern würde. Bei einer so stark vom Fremdenverkehr lebenden Insel hätte das verheerende Folgen. Deswegen kam man auf die Idee, mit Hilfe von Saugbaggern große Mengen Sand vor die Küste als natürliche Buhne zu spülen. Der Sand wird im Osten der Insel vor dem Rantumbecken aus dem Watt genommen. Die Fluten von 1976 haben Sylt und Föhr viel Sand wieder weggerissen. Neue Vorspülungen werden nötig sein.

Die teuerste und zugleich technisch kühnste Sicherungsmaßnahme an der ganzen deutschen Nordseeküste nach der Sturmflut von 1962 aber wurde die Abdämmung der Eider. Sie rückte 70 Kilometer Flußdeiche in die zweite Deichlinie.

Am 1. Juni 1965 wurde in Heide das „Neubauamt Eiderabdämmung" der Wasser- und Schiffahrtsdirektion Kiel gebildet. Am 3. August desselben Jahres wurde zwischen dem Bund und dem Land ein Vertrag über den Bau des Sperrwerkes abgeschlossen. Im Februar 1967 gingen die Aufträge hinaus, am 29. März gab es durch den damaligen Ministerpräsidenten Dr. Lemke den ersten Spatenstich. Am 3. Mai 1972 fuhr das erste Schiff durch die Schleuse.

Um das mehr als fünf Kilometer lange Sperrwerk zu bauen, wurde zunächst mitten in der Eider eine große künst-

Vorherige Seite oben: Blick auf die mächtigen Sieltore von oben.
Vorherige Seite Mitte: Zwischen Innen- und Außentüren liegt ein Tunnel, durch den die Straße führt.
Vorherige Seite unten: Einweihung 1972.

Eidersperrwerk mit Resten der „künstlichen Insel" und Material-Hochbrücke während der Bauzeit.

liche Insel aufgespült, die durch eine 900 Meter lange Material-Hochbrücke — der Schiffsverkehr mußte ja weitergehen — mit der Dithmarscher Seite verbunden war. Sie wurde mit einem Deich umgeben, in dessen Schutz der Bau der fünf Durchflußöffnungen von je 40 Meter lichter Weite sowie der 14 Meter breiten und 75 Meter langen Schleusenkammer möglich war. Dafür mußte die künstliche Insel 28 Hektar groß werden. 4,8 Kilometer Damm wurden von beiden Ufern bis zum Siel und der Schleuse vorgetrieben. Außerdem entstanden noch ein 6 Kilometer langer Leitdamm, und vor der Schleuse waren zwei Häfen anzulegen. 130 Millionen Mark waren zunächst berechnet gewesen. Nach einer beispiellos kurzen Bauzeit kostete das technische Wunderwerk schließlich 170 Millionen. Es ist unmöglich, hier auch nur die interessantesten technischen Details aufzuzählen.

Wer das Sperrwerk sieht, muß es bewundern. Und doch wird ihm gerade dabei auch bewußt, daß wohl nie der Tag kommen wird, an dem der Mensch hier an der Küste fertig ist mit dem Kampf gegen das Meer. Solange der Küstenbewohner in diesem Bewußtsein lebt, wird er auch immer mißtrauisch bleiben seiner eigenen Leistung gegenüber in diesem Kampf, so grandios sie sich auch ausnimmt.

Das Eidersperrwerk, Bewährungsprobe bei einer mittleren Sturmflut.

Ebbe und Flut

Die Kräfte einer Sturmflut an der Küste werden jedem immer ein Rätsel bleiben, der sie nicht einmal selbst erlebt hat. Auch dann wird er sie kaum begreifen, wenn er sich nicht ein wenig damit beschäftigt, wie sie überhaupt zustandekommen.

Schon Ebbe und Flut sind eine Erscheinung, die vor allem Besucher von weither, die an die Küste kommen, sich nur mangelhaft erklären können. Bei Detlef v. Liliencron ist das poetisch ausgedrückt: alle sechs Stunden zieht das „Untier Ozean“ den Atem ein, alle sechs Stunden atmet es wieder aus. Genau sind es übrigens sechs Stunden und zwölfeinhalb Minuten, die eine „Ebbe“ — das Verschwinden des Wassers — oder eine „Flut“ — das Wiederkommen — dauern. Man nennt Ebbe und Flut auch „Gezeiten“ oder — plattdeutsch — „Tiden“.

An der Küste „högt“ (amüsiert) man sich oft, wenn die Binnenländer ihre eigenen Erklärungen für Ebbe und Flut abgeben: der eine sagt, das Meer versickert, der andere meint gar, es verdunstet. Gern auch macht man seine Witze, die noch dazu recht werbewirksam für den Fremdenverkehr sind: Wir hier an der Nordsee sind besonders saubere Menschen, wir wechseln alle sechs Stunden das Badewasser. Bei Husum beträgt der Unterschied zwischen Niedrig- und Hochwasser, den beiden normalen Wasserständen, immerhin rund drei Meter. Es gibt Stellen auf der Erde, da liegt er bei zwanzig Meter, an anderen Stellen der Küste, etwa beim dänischen Limfjord, verschwindet er so gut wie ganz, weil die Richtungen von ab- und zulaufendem Wasser zusammentreffen.

Die Anziehungskraft von Mond und Sonne verursachen Ebbe und Flut, wobei der Einfluß des Mondes überwiegt. Bei Vollmond und Neumond stehen Sonne und Mond mit der Erde in einer Richtung. Das bewirkt einen besonders großen Hub als Folge der Anziehungskraft, so daß höhere als die normalen Hochwasserstände eintreten. Man nennt sie Springtide. Im ersten und letzten Mondviertel tritt genau das Gegenteil ein. Man spricht dann an der Küste von Nipptide. Auf der dem Mond zugewandten Seite der Erde läuft eine, auf der abgewandten eine zweite Flutwelle, so daß meistens an einem Tag zweimal Ebbe und Flut eintreten. Die „Tiden“ entwickeln an der Küste enorme Strömungsgeschwindigkeiten. Deshalb ist es so gefährlich, Priele, das sind Abflußrinnen im Watt, durchschwimmen zu wollen. Die Flut kommt meist auch viel schneller, als der Uneingeweihte für möglich hält, und deshalb darf man nur mit genauen Kenntnissen bei Ebbe ins Watt gehen. Treffen Springtide und hohe Windgeschwindigkeiten zusammen, so wird es gefährlich an der Küste. Hat sich dann womöglich noch in der Nordsee bei anhaltendem Sturm aus westlichen, also dem Lande zugewandten Richtungen, ein riesenhafter Wasser-

Ebbe und Flut im Husumer Hafen

stau aufgebaut, so kann es leicht zum Schlimmsten kommen. Bei der Sturmflut vom Februar 1962 hatten wir eine solche Situation. Das Sturmtief über der Nordsee war nur langsam gewandert und hatte über Tage hinweg das Wasser gegen die Küste gedrückt, so daß es auch bei Ebbe nicht wieder voll ablaufen konnte. Es kam dann zur Katastrophe zwei Tage vor Vollmond. Bei der Sturmflut vom 3. Januar 1976 war die Wetterlage kaum anders. (Vergleiche die Wetterkarten in diesem Heft), nur kam diesmal die Flutwelle zusammen mit dem Orkan zwei Tage nach Neumond. Daß es allerdings auch Höchstwasserstände noch mit Tagen Abstand zu Voll- oder Neumond geben kann, wenn tagelanger Windstau und plötzlicher Orkan zusammenwirken, zeigte sich nur 17 Tage später am 21. Januar, vier Tage nach Vollmond.

Schon ohne besonders große Windgeschwindigkeiten ist der Ozean durch Ebbe und Flut ständig in Wellenbewegung. Ist gerade Flut und fällt plötzlich aus irgendwelchen meteorologischen Gründen der Druck stark ab, kann es auch sehr kurzfristig zu gefährlichen Sturmfluten kommen. Durch den Druckabfall entstehen dann nämlich Windgeschwindigkeiten, die zusammen mit der Flut oder gar Springflut die Küste in erhebliche Gefahr bringen können. Meistens kommen diese Stürme zunächst aus Südwest und drehen dann nach Nordwest, blasen also voll in die Deutsche Bucht hinein.

Heute spricht man an unserer Küste von einer Sturmflut eigentlich erst dann, wenn das Wasser mindestens 1,50 Meter über dem mittleren Tide-Hochwasser (MThw) aufläuft, obwohl dieser Zustand hydrographisch genau schon eine „mittlere Sturmflut" kennzeichnet. Auf der wissenschaftlichen Skala fängt eine „leichte Sturmflut" nämlich schon bei einem Meter über MThw an. „Schwere Sturmfluten" nennt man solche mit Wasserständen von zwei bis drei Meter über Mitteltidehochwasser. Alle über drei Meter sind „sehr schwere Sturmfluten". In Husum betrug am 16. Februar 1962 der Wasserstand 3,76 Meter über MThw oder 5,21 Meter über Normal-Null (NN). Am 3. Januar 1976 wurden 4,12 Meter über MThw oder 5,66 Meter über NN gemessen.

Damit blieb diese Sturmflut nur noch rund 30 Zentimeter unter der sogenannten „Jahrhundertflut". Mit diesem Wort wird eine theoretisch denkbare Sturmflut bezeichnet, die nach der statistischen Wahrscheinlichkeit einmal in hundert Jahren auftritt. Nur einmal in 150 Jahren steige der Elbpegel bei Hamburg auf 5,70 Meter über Normal Null, hatten Hydrologen noch nach der Sturmflut von 1962 versichert. 1973 war man bereits nahe an dieses Maß herangekommen, 1976 mit 4,60 Meter noch näher. Inzwischen weiß man, daß aus bisher nicht bekannten Gründen etwa alle 100 Jahre der durchschnittliche Wasserspiegel der Nordsee um 30 Zentimeter steigt — oder daß sich das Festland um dieses Maß senkt. Man nimmt an, daß das Poleis stärker als früher abschmilzt, aber sicher weiß das niemand.

Jene theoretische „Jahrhundertflut" bestimmt das Maß für die Deiche. Als nach den Erfahrungen der Sturmflut von 1825 neue Deichmaße festgelegt und in vielen Jahrzehnten verwirklicht worden waren, glaubte man, gegen alle denkbaren Sturmfluten geschützt zu sein. So steht es zum Beispiel in einem Gutachten der preußischen Regierung von 1937.

Die Hollandflut 1953 warf alle diese Annahmen über den Haufen. Außer einem — im Tempo zunehmenden — Steigen des Wasserspiegels mußte man auch in den letzten Jahrzehnten eine Zunahme der Orkane registrieren, ebenfalls aus unbekannter Ursache. Schon 1962 folgte die nächste Sturmflut, 1967 gingen im Februar und November zwei Orkane über Schleswig-Holstein hinweg, die die schwersten Gebäudeschäden aller Zeiten anrichteten. 1972 kamen sechs Orkansturmfluten nacheinander. Auch 1973 wurde ein Sturmjahr, und was 1976 geschah, ist hier ausführlich beschrieben. Es scheint so, als habe sich die meteorologische Umwelt im Nordseebereich in den letzten Jahrzehnten erheblich verändert. Vom 1. Januar bis zur zweiten Sturmflut am 21. Januar 1976 erlebten die Halligen vierzehnmal Landunter! Am 21. Januar stieg bei Meldorf in nur 26 Minuten das Wasser um 1,20 Meter! Es gibt eine Erklärung für die steigenden Wasserstände, über die sich die Fachleute freilich streiten: Durch die Abdämmung der großen Mündungstrichter, durch die Eindeichung von Buchten und die Begradigung der Deichlinie können große Wassermassen nicht mehr ausweichen. Schon bei den Untersuchungen vor der Eiderabdämmung war die Vermutung aufgetaucht, daß bei Sturmfluten an den Flanken das Wasser über zwanzig Zentimeter höher als bisher auflaufen könne. Ein Hamburger Diplomingenieur macht das Abschotten von rund 12 000 Hektar Buchten und Flußläufen dafür verantwortlich, daß 1973 im Elbetrichter gleich fünfmal das Wasser höher als 4,50 Meter über NN auflief, während zuvor in keinem Winter mehr als einmal dieses Maß erreicht worden war.

Die schleswig-holsteinischen Deiche sind nach jener vermutlichen „Jahrhundertfluthöhe" im Durchschnitt 8,50 Meter hoch oder sollen noch auf diese Höhe gebracht werden. Teilweise erreichen sie sogar neun Meter. Aber niemand kann sagen, daß diese Höhe ausreicht.

Was die Windstärke anbetrifft, so spricht man an der Küste übrigens erst ab Windstärke neun von „Sturm", zehn ist dann „schwerer Sturm", 11 „orkanartiger Sturm", 12 „Orkan".

Außer den sich tagelang mit einem großen Wasserstau ankündigenden Sturmfluten gibt es auch plötzliche, schnelle. In den letzten Jahren sind viele Erfahrungen gewonnen worden, vor allem die: es gibt weder eine sichere Sturmflutvoraussage noch gar einen absolut sicheren Schutz der Menschen an der Küste. Dagegen hilft allein das ständige wache Bewußtsein für die Macht des „Blanken Hans", wie die Nordsee seit vielen Generationen an der Küste genannt wird.

Die Geschichte der großen Sturmfluten

Zwar hatte man die Deiche Nordfrieslands in den vergangenen Jahrhunderten ständig erhöht, doch lehrte die bittere Erfahrung, daß sie bei weitem nicht ausreichten, um auch schwerste Prüfungen zu überstehen, wie sich 1962 und 1976 eindeutig zeigte. Diese Katastrophen reihten sich ein in die Reihe der Fluten, die als besonders verheerend in die Geschichte eingegangen sind.

Die nach der Sage erste bekannte Flut war die sogenannte „Cimbrische Flut“, für die das Jahr 340 vor Christi angegeben wird.

1164 entstand durch Meeresgewalten der Jadebusen. Gut hundert Jahre später, 1287, wusch die Nordsee den Dollart aus.

Der 16. Januar 1362 ließ Nordfriesland die erste „Große Mandrenke“ erleben. Die Insel Rungholt wurde vom Meer verschlungen, und zehn Halligen entstanden, auch die inzwischen wieder zurückgewonnenen Harle- und Leybucht.

1400 vermerkten die Chronisten die „Friesenflut“.

1434 bis 1501 suchen die sechs „Gallischen Fluten“ die Menschheit heim.

1570 beherrscht die „Allerheiligen-Flut“ die Küsten. 1572 tritt die „Kornflut“ auf.

Am 11. und 12. Oktober 1634 verwüstet die zweite „Große Mandrenke“ die Küste vor Husum und Eiderstedt. Die große Insel Strand wird in zwei Teile gerissen. Nordstrand und Pellworm bleiben übrig, und die Nordfriesischen Inseln entstehen in ihrer heutigen Form.

1717 folgt die „Weihnachtsflut“.

Der 3. und 4. Februar 1825 bringt die größte Sturmflut des 19. Jahrhunderts.

1953 werden die Küsten Hollands und Großbritanniens in der Nacht vom 31. Januar auf den 1. Februar von einer verheerenden Flutkatastrophe heimgesucht. In den Niederlanden verlieren 1800 Menschen ihr Leben. 200 000 Menschen werden obdachlos. Zahlreiche Inseln in Südholland werden überschwemmt. In England ertrinken 300 Menschen und 32 000 werden obdachlos.

16./17. Februar 1962 bricht die „große Überraschungsflut“ über die gesamte deutsche Nordseeküste herein. Über 300 Menschen werden ein Opfer der unvorstellbaren Gewalten.

Am 3. Januar 1976 erlebt die Nordseeküste zwischen der Elbe und der dänischen Stadt Esbjerg die höchsten je gemessenen Wasserstände. Eine Orkanflut richtet, vor allem an der Elbe und in Dithmarschen 20 Deichbrüche an. Es gibt viele hundert Obdachlose, aber keine Toten durch das Wasser. Nur 17 Tage später rollt eine neue schwere Sturmflut gegen die angeschlagenen Deiche. Halligen und Inseln melden noch höhere Wasserstände als am 1. Januar.

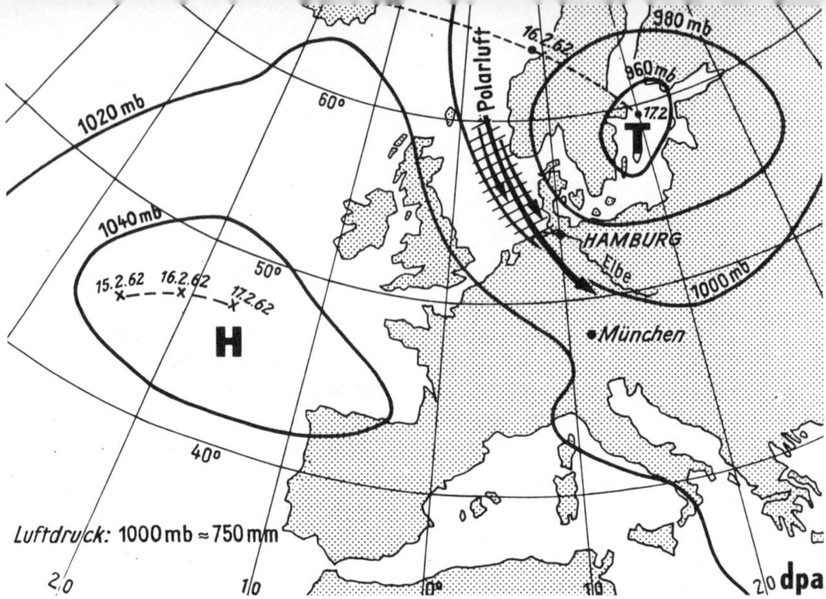

Wie sich die Bilder gleichen: Die Wetterlage am 16. Januar 1962 und am 3. Januar 1976 war fast die gleiche. Zwischen einem Azorenhoch, das sich bis in den europäischen Südwesten erstreckte, und einem Sturmtief, das von Island nach Schweden und Finnland zog, strömte Polarluft von Nordwesten über die Nordsee nach Europa. So entstand beide Male ein ausgedehntes Sturmfeld über der Nordsee. 1962 sank der Luftdruck noch tiefer als 1976, nämlich bis auf 955 Millibar. 1962 kam die Sturmflut zwei Tage vor Vollmond, 1976 zwei Tage nach Neumond.

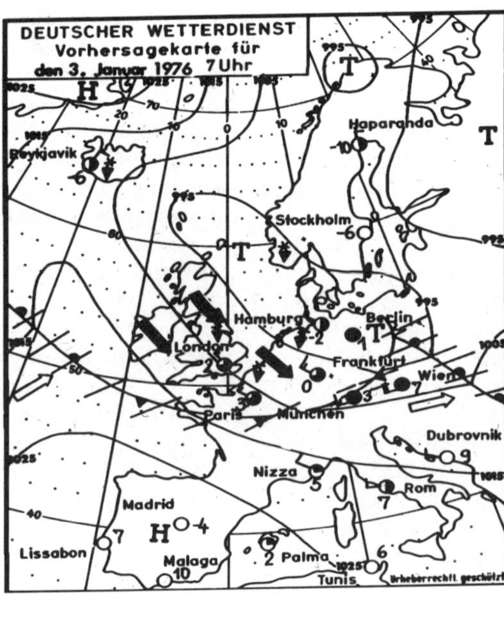

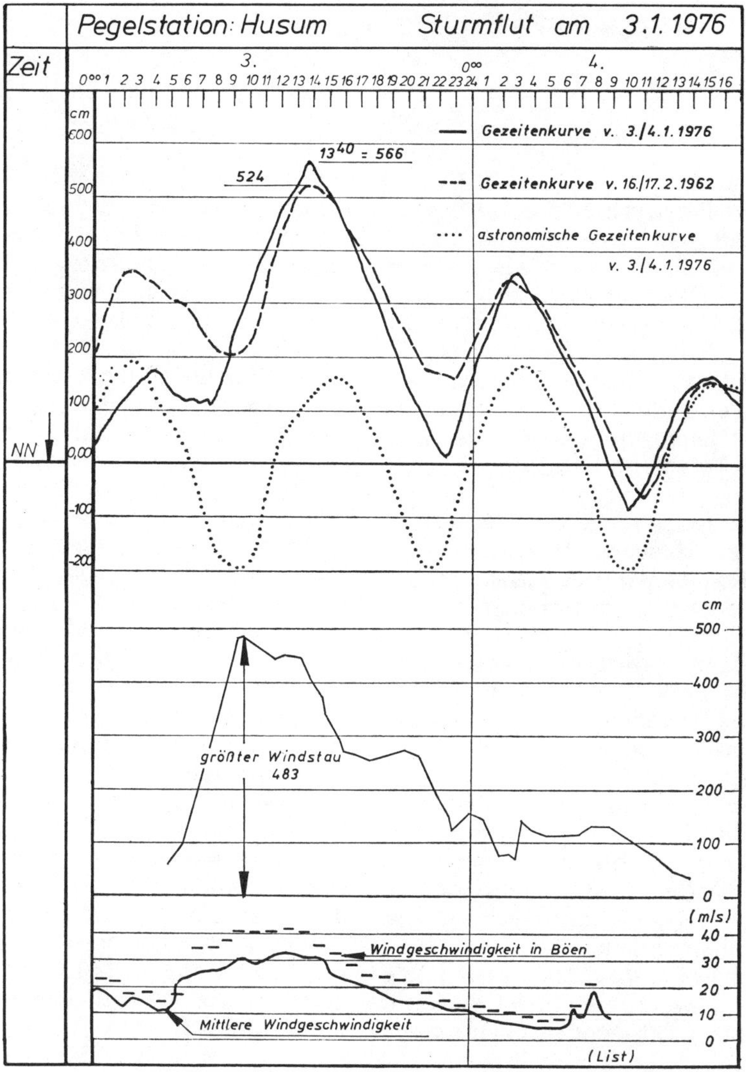

Die obere ausgezogene Kurve gibt den Verlauf der Sturmflut vom 3./4. Januar 1976 am Pegel Husum wieder – zum Vergleich gestrichelt der Verlauf der Sturmflut vom 16./17. Februar 1962. Die darunter liegende punktierte Kurve zeigt den für Husum vorausberechneten Gezeitenverlauf, wie er ohne Windeinwirkung eingetreten wäre. Die noch weiter unterhalb fein ausgezogene Kurve ist der Windstau, die durch Windeinwirkung hervorgerufene Differenz zwischen vorausberechnetem und eingetretenem Gezeitenverlauf. Am Fuß der Zeichnung sind für List auf Sylt die Windgeschwindigkeit in Böen sowie die Mittlere Windgeschwindigkeit, jeweils in Meter pro Sekunde gemessen, angegeben.

Ein Wort zum Schluß

Die Sturmfluten vom Januar 1976 hatten die Küste nicht mehr so wenig vorbereitet überfallen können wie die vom Februar 1962. Aber auch nach diesem Abstand von 14 Jahren wurde wieder deutlich, daß es noch vielen Menschen in der Nähe der Nordsee an „Wasserbewußtsein“ fehlt, wie es ein Hamburger Politiker ausdrückte, und zwar trotz der 315 Toten von Hamburg im Jahre 1962.

Nach der Katastrophe von 1962 schrieben die „Husumer Nachrichten“ in einem Kommentar, was auch im Januar 1976 wieder hätte geschrieben werden können:

„Der Kampf zwischen Mensch und Meer ist uralt. Die letzte Runde hat das Meer gewonnen. Es war, wie noch immer, wieder einmal stärker als der Mensch. Nichts, nicht einmal die künstlich herbeigeführte Sprengkraft gespaltener oder verschmolzener Atomkerne, ist bis heute imstande, solche Macht zu entwickeln wie die entfesselte Natur, die ganze Ozeane in Bewegung bringt.

Im Grunde hat man das an der Küste immer gewußt — aber vielleicht manchmal nicht mehr glauben wollen. Mancher fragte sich in diesen Tagen, warum man sich an der Küste dennoch weniger überraschen ließ als ausgerechnet in der vorbildlich technisierten und durchorganisierten größten Stadt der Bundesrepublik, in Hamburg. Aber ob es nicht gerade jenes technisch vollkommen scheinende, dem Menschen die persönliche Verantwortung abnehmende organisierte Leben in der modernen Großstadt ist, in dem man die Ursache dafür suchen muß? An der Küste gibt es noch so etwas wie eine innige Verbindung zwischen Mensch und Elementen. Sie treffen sich oft. In der Großstadt geht den Menschen dieser Kontakt verloren. Das Wasser mußte zu ihnen kommen, bis sie die Elemente — und dann vielleicht auf eine tödliche Weise — wieder spürten.

Der Kampf Meer gegen Mensch und Mensch gegen Meer geht weiter. Das alte Wort ‚Wer nicht will deichen, muß weichen‘ erhielt in diesen Tagen wieder einen Sinn, der es davor bewahren sollte, mit hohlem Pathos vorgetragen zu werden. Es ist das Schicksalswort der Menschengenerationen an der Küste.“